L'Arquitectura com a Marca

Anna Pujol-Ferran
Oscar Farrerons Vidal

OmniaScience

L'Aquitectura com a Marca

Autors:
Anna Pujol-Ferran, Oscar Farrerons Vidal
Universitat Politècnica de Catalunya, España

ISBN: 978-84-946352-9-8
DOI: https://doi.org/10.3926/oms.369

ÍNDEX

ÍNDEX DE TAULA I IMATGES

CAPÍTOL 1

INTRODUCCIÓ

Aquest llibre que teniu a les vostres mans planteja aportar una mica de llum a com l'arquitectura actual ha esdevingut una marca més. Una marca com pot ser unes sabatilles esportives, o una cadena de restaurants, entre d'altres. però amb unes característiques especials. Per arribar fins aquí certa arquitectura ha esdevingut un símbol, i després s'ha convertit en una marca. Per poder comprendre aquesta conversió el llibre planteja l'estudi de la teoria de la Percepció, la teoria de la Comunicació i el mètode de la Semiosi arquitectònica, que segueix tres processos: la significació, la comunicació i al final el procés d'identitat.

La hipòtesi que plantegem és que l'origen es troba en la revolució Industrial, que evolucionà cap a la cultura de masses i que avui en dia, és una cultura global a la nostra era post- industrial. L'arquitectura es converteix en un nou mitjà de comunicació, conseqüència de l'impacte de la publicitat en l'arquitectura.

Us presentem diferents tipus de marques arquitectòniques, des de les primeres marques d'empresa, fins a les marques arquitectòniques de ciutat i inclús de país. En els darrers anys les marques més valorades han estat els museus, com a solucions "màgiques" per resoldre els problemes urbanístics d'entorn degradats, i l'evolució final de l'arquitecte com a marca pròpia. L'arquitecte-marca ha esdevingut una vedet del mercat global, que tant dissenya un edifici com apareix als programes televisius de la premsa del cor. En l'època post-industrial l'arquitectura de marca ha esdevingut un simple producte de grans fàbriques d'arquitectures, despatxos de centenars de treballadors (que no pas arquitectes) que treballen en horaris d'oficina fent projectes iguals arreu del mon.

Per poder plasmar tota aquesta teoria hem desenvolupat una fitxa d'anàlisi per destacar les dades històriques, geogràfiques, conceptuals, tècniques i funcionals que cal estudiar de cada marca arquitectònica. S'ha destacat el procés de significació, de comunicació i d'identitat de set marques arquitectòniques d'arreu del mon, entre les que n'hi han del segle XIX, de modernes ja consolidades, i per consolidar, i inclús alguna marca arquitectònica d'un edifici que ja no existeix, tot i que es manté com a marca mundial.

Acabem destacant que sense els mitjans de comunicació moderns, no hi ha marca arquitectònica, que esdevé un reclam turístic per la ciutat, el país o l'empresa que l'acull. La funció de l'edifici no és determinant per esdevenir marca, però si que hi hagi un públic concret o massiu que s'identifiqui amb aquesta marca. La contractació d'un arquitecte "estrella" ajuda en molt a la consecució de la marca arquitectònica.

CAPÍTOL 2

METODOLOGIA DE TREBALL

En l'elaboració de la metodologia per les diferents anàlisis, ens hem basat en 3 teories: la Teoria de la Percepció, la Teoria de la Comunicació i el Mètode de la Semiosi Arquitectònica.

2.1. Teoria de la Percepció

La Teoria de la Percepció analitza els aspectes que porta intrínsecs el missatge transmès en qualsevol acte de comunicació visual. Els missatges visuals presenten diferents tipologies. Tot i haver molts enfocaments de la teoria de la Percepció, ens interessa la visió analítica de Bruno Munari, pel qual els missatges estan compostos de dos elements: la informació o significat del missatge i el suport per poder ser transmès. I defineix els suports com el conjunt d'elements que fan visible el missatge i que són: la textura, la forma, l'estructura, el mòdul i el moviment.

La textura està referida a les superfícies. La superfície de qualsevol objecte o forma és la manera com està sensibilitzada aquesta superfície. També es podria anomenar granulació, trama, enreixat, etc.

La forma. Segons Munari la paraula forma és complexa, està plena d'ambigüitats semàntiques, per la qual cosa és difícil definir-la:

"El pas de les textures a les estructures és també una qüestió d'escala; així doncs, si abandonem per un moment la referència de l'ull humà com a instrument de percepció i utilitzem un altre instrument suplementari, per ampliar algunes textures, fins aconseguir que es vegi la forma dels elements que la componen, disposaríem de tot un mostrari de formes, de les quals per simplificar la investigació, assenyalem les que són essencials: les formes bàsiques, que poden engendrar tots les demés per mitjà de variacions de les seves components" (Munari, 1985: pàgines 127-128).

Munari afirma que cada forma neix d'una manera diferent, té unes mesures pròpies i es comporta d'una manera singular quan s'analitza o se l'examina. A partir de les formes bàsiques es produeixen fenòmens de creixement, de descomposició, de recomposició, donant formes complexes, variades, etc.

Les estructures són aquelles construccions generades per la repetició de formes iguals o semblants que estan en contacte entre sí o en tres dimensions. La principal característica d'una estructura és la de modular un espai, donant a aquest espai una unitat formal i facilitant el treball del creador, ja que al resoldre el problema bàsic del mòdul, es resolt tot el sistema.

Per tant, **el mòdul** deriva de l'estructura, essent una forma bàsica que genera estructures i formes més complexes, amb la repetició o col·locació de mòduls.

El moviment és el que genera relacions entre tots els elements i dona dinamisme, de tal manera que els elements a estudiar no són estàtics, depenent del punt de vista en que es veu, la velocitat, el temps, el moment del dia i altres causes relacionades.

Altres factors que estudia Munari són els Contrastos simultanis i el Color dels elements.

Els contrastos simultanis són una regla dins la comunicació visual, que promulga que la proximitat de dos formes de natura oposada o diversa es valoren entre sí i intensifiquen la seva comunicació. Alguns exemples d'aquests contrastos podrien ser totes les gammes de contrastes cromàtics, la relació positiu- negatiu, gran- petit, geomètric- orgànic, estàtic- dinàmic, senzill- complex, convergent-divergent i molts d'altres.

El **color** té una cabdal importància dins la percepció. La percepció estudia els aspectes funcionals del color i les influències que aquest té amb la incidència dels materials de suport, de la llum ambiental, les tonalitats, els matisos, la saturació, etc.

En una obra arquitectònica, analitzarem tots aquests elements per comprendre la seva percepció o aspectes visuals.

2.2. Teoria de la Comunicació

La Teoria de la Comunicació té com a base l'acte de comunicació on hi intervenen tres elements que el fan possible: l'emissor, el receptor i el missatge. L'emissor és el que emet el missatge i el receptor és el que el rep. Els missatges són tots els continguts que actuen sobre els nostres sentits: visuals, sonors, tèrmics, dinàmics, etc. Els missatges es poden dividir en dues parts: una és la informació que comporta implícita i l'altra és el suport amb el qual es transmet el contingut del missatge.

En el nostre llibre ens interessa sobretot la comunicació visual. En la comunicació visual, les imatges o qualsevol forma gràfica expressen el contingut del missatge. La comunicació correcta ha de passar el missatge de l'emissor al receptor per mitjà d'un suport, en bones condicions, amb una informació exacta, dins d'un codi que els dos (emissor i receptor) coneguin i que no es produeixin falses interpretacions. Els elements de la Teoria de la Comunicació ens ajudaran en l'estudi del Procés de Comunicació, dins del Mètode de la Semiosi arquitectònica.

2.3. Mètode de la Semiosi arquitectònica

És un procés de determinació i anàlisi arquitectònic que va passant per diferents etapes. Umberto Eco al 1985 estableix els dos primers processos de codificació: el de significació i el de comunicació. Més tard, les arquitectes xilenes Ana Rugiero i Sofia Letelier (1998) n'estableixen un tercer, el procés d'identitat, sempre que es consolidin els dos primers. No es produeix la comunicació sense significació i no es produeix identitat sense comunicació.

2.3.1. El procés de significació

Seria l'anàlisi d'atribucions, una sèrie de significants com per exemple: la seva orientació valorativa i efectiva i les motivacions en que es sustenten. En l'anàlisi, cal considerar subsistemes de significació com són l'ús o la funció, la resposta al clima del lloc o emplaçament, adequació al context, assignació de pertinència, gratificació estètica, etc.

2.3.2. El procés de comunicació

Establert el procés de significació, la comunicació dependrà de la coincidència de la significació en els dos grups: emissors i receptors, que la voluntat de l'arquitecte (o altres emissors com empreses, promotors, institucions...) sigui entesa i compresa per la gent. Es produeix incomunicació quan la comunicació és divergent o completament oposada.

2.3.3. El procés d'identitat

Un cop produïda la comunicació entre emissor i receptor i aconseguit un estat de comunicació social establert pel llenguatge arquitectònic, arriba el tercer procés, el d'identitat, que dins de la semiosi arquitectònica és el fenomen més complex, dins del camp de la semiòtica. Per aconseguir la identitat s'ha d'assolir una de les tres dimensions d'aquest procés que són:

• *Una dimensió objectiva*, en la qual els objectes o productes a estudiar presenten rasos similars i estables així com semblances i particularitats entre objectes reiterats al llarg del temps, degut sobretot a factors ambientals o a altres valoracions.

• *Una dimensió personal*, consisteix en identificar i identificar-se amb diferents signes, de dues maneres o per apropiació, de manera que els receptors reconeguin l'objecte com a propi o per associació o vinculació de l'objecte amb un determinat grup.

• *Una dimensió social*, aquesta es dóna quan es produeix una consciència de transcendència, es produeix una manifestació de vocació col·lectiva cap al producte o objecte, amb consciència de perdurabilitat o transferència de certs signes per damunt d'altres, manifestant-se de dues maneres, o per la demanda social de productes amb identitat o per la disposició dels autors (en aquest cas, arquitectes, promotors, institucions, empreses...) per transmetre significats col·lectius abans que els propis.

CAPÍTOL 3

CONTEXT I ANTECEDENTS DE LA RELACIÓ ARQUITECTURA I COMUNICACIÓ

3.1. La revolució industrial

A finals del segle XVIII es comencen a produir transformacions econòmiques i socials en alguns països europeus, amb el canvi d'un sistema basat en l'agricultura i l'artesania a un sistema industrial. Simultàniament es produeix un gran augment demogràfic i fortes migracions del camp a la ciutat per la demanda de mà d'obra en les fabriques.

Els nous sistemes de producció mecanitzats basats en el vapor provoquen el creixement de les ciutats. Els treballadors que arriben del camp per treballar es van establint en barris perifèrics al voltant del centre, amb un tipus de construccions més senzilles i homogènies i per tant, seran necessaris nous sistemes de transport; el més destacat fou el ferrocarril.

La ciutat continua mantenint el seu centre comercial, però amb la seva expansió, hi ha necessitat d'una ordenació urbana i es comencen a construir noves infraestructures com ponts, canals, túnels... El més destacat amb la Revolució Industrial és que els nous avenços es traslladen també a l'àmbit arquitectònic, sobretot en quan a materials, el ferro, l'acer, el vidre, el formigó, etc. I així com de tècniques per tractar aquests materials que són més pròpies de l'enginyeria que l'arquitectura.

Les exposicions universals són un bon reflex de la conjunció entre l'arquitectura i l'economia i moltes ciutats ho organitzen com a esdeveniment de promoció comercial i econòmica dels seus productes i de la seva ciutat. Cal destacar l'Exposició Universal a Londres el 1851, amb el Palau de Cristall de Joseph Paxton, exemple de construcció arquitectònica, que fuig dels estils històrics de l'arquitectura. Renato de Fusco relatava sobre les exposicions universals:

> *"Les grans exposicions foren un gran mitjà d'informació. Reunien la producció de mercaderies de diversos països, facilitaven els intercanvis i assenyalaven els progressos tècnics i productius de cada nació, de cada firma. L'arquitectura es convertia en una colossal operació de propaganda i la publicitat moderna va néixer precisament en aquest període"* (Fusco, 1970: pàgines 84-85).

Les exposicions universals són l'antecedent a les actuals fires a nivell mundial, aparador de productes, països i tendències.

Apareix la premsa diària. Els periòdics són el primer símptoma del desenvolupament de formes de comunicació social perquè molt aviat els mitjans de comunicació escrits presenten, a més de les informacions, anuncis publicitaris de les empreses amb un marcat accent comercial, acompanyat tot plegat, d'una major alfabetització de la societat.

Des d'un punt de vista comercial, comencen a sortir representacions icòniques dels productes per substituir-los materialment; són representacions de gran format, col·locant-se en façanes, pintats en portes o retaules col·locats al damunt. Per tant, podríem parlar dels inicis de comunicació publicitària amb imatges. Són els primers reclams publicitaris situats en botigues, façanes, antecedents de l'actual publicitat exterior.

3.2. La cultura de masses

En la segona meitat del segle XX la cultura de masses és la conseqüència de la evolució de l'era industrial, una cultura centrada en la imatge, més atractiva per la nova classe mitjana, representada per professionals lliberals, empresaris, tècnics...

Tot i que la indústria acapara els llocs de treball, comença a créixer el sector terciari, els mitjans de comunicació, la educació, l'assistència social, la economia i la política, la publicitat, etc. El desenvolupament dels aspectes laborals troba el punt de partida en la ràpida industrialització de principis del segle XX, amb noves formes de treball de caire industrial per millorar la producció i que augmenta els nivells de renda de les famílies.

Un cop les necessitats primàries d'habitatge, alimentació i treball estan assegurades ja es pot pensar en quelcom més, començant per les necessitats socials. Augmenten les aficions, el temps de lleure i l'interès per l'esport, la moda, la música, el cinema i moltes d'altres disciplines. Tot això, per anar conformant nous estils de vida que tenen la seva base en el consum. Seran les classes mitjanes que utilitzaran el consum com a forma d'identitat i expressió. Josep Picó analitza la societat i les causes de l'aparició de la cultura de masses, resumint-ho de la següent manera:

"En la vida urbana i moderna, el comportament de massa ha anat en augment tant en extensió com en importància. Això és degut al conjunt de factors que han allunyat a la gent de la seva cultura específica i del seu ambient: les migracions, els canvis de residència, els diaris, el cinema, la radio i la educació, han actuat per allunyar als individus de les seves arrels i costums, empenyent-los cap a un món més global i despersonalitzat" (Picó, 1999).

Els canvis socials van en augment en la cultura de masses, amb estils de vida diversos, noves professions i en definitiva diferents comportaments socials. Darrera la cultura de masses apareix la cultura del consum. L'origen d'aquesta cultura del consum segons Josep Picó està en les noves classes mitjanes emergents:

"Les noves classes mitjanes tenen una gran mobilitat ascendent i no provenen de les famílies de la burgesia establerta. Tampoc han anat, freqüentment a universitats d'elit, sinó a altres centres de formació de diferents nivells tècnics... Són els nous intel·lectuals (empresaris, científics, tècnics...) que adopten una actitud d'aprenentatge cap a la vida. Estan fascinats per la identitat, la aparença, l'estil de vida i la recerca de noves experiències...Són les classes que més han utilitzat el consum com a forma d'identitat i expressió. La nova cultura centrada en la imatge és més atractiva pels nous grups de classe mitjana que pels antics" (Picó, 1999).

El consum esdevé important quan als anys 60 augmenta molt i la major part de la població tenia ja cobertes les necessitats socials bàsiques. El que s'adquireix amb el consum forma part de la personalitat i l'estil de vida. La publicitat ha estat el canal per transmetre valors consumistes i una imatge ideal dels cànons de vida. Tenir un cotxe, un habitatge, gaudir de vacances i portar marques de roba s'han convertit en activitats fruit de la incidència de la publicitat i en definitiva del consum. Picó ho reafirma amb les següents idees:

"Aquest procés augmenta amb el benestar, el temps lliure, creixen els crèdits, les agencies de viatges, el disseny, les relacions publiques, les vendes...

El consum ha descobert la necessitat de nous objectes: com la televisió, l'ordinador, el cotxe, les vacances i ja no solament amb una funció econòmica sinó que són símbols culturals de relació social. Es basen més en el desig que la necessitat. La seducció esdevé l'instrument de control i integració social. En definitiva, en aquesta societat capitalista, la necessitat de consumir és més important que la de produir" (Picó, 1999).

Així doncs, el consum forma part d'uns mecanismes més complexes que intenten influir en els hàbits de compra dels consumidors. El que consumim i com ho consumim és un reflex de la nostra personalitat i el nostre estil de vida i cada vegada hi ha més oferta de productes dirigits a públics i comportaments diferents.

Una conseqüència del creixement de les grans ciutats és la modernització dels transports, amb la generalització del transport subterrani per facilitar els desplaçaments de la població. Un altre mitjà que apareix és el tramvia, que juntament amb el metro, ja són considerats transports típicament urbans. El principal avenç en la ciutat fou la descoberta de l'electricitat, que dóna vida nocturna en l'interior de les llars i amb l'enllumenat públic, allargant la vida diürna de les ciutats.

Creixen els suburbis i les perifèries, així com les primeres zones residencials o ciutats- jardí, habitades per classes acomodades que fugen dels centres de les ciutats, buscant més qualitat de vida.

Dins l'anomenada Arquitectura Moderna, arreu d'Europa, es succeiran els moviments a partir de l'Art Nouveau a Bèlgica i França, el Modern Style a Gran Bretanya, el Modernisme a Espanya, la Jugendstil a Alemanya, la Sezession a

Àustria, i la Liberty a Itàlia, amb un ressorgir de les formes corbes, asimètriques, naturalistes, expressives, però seguint amb la utilització dels materials funcionals característics dels orígens de l'Arquitectura Moderna: formigó, ferro, vidre, etc.

A EEUU es comencen a edificar els primers gratacels a Chicago i Nova York, edificis d'oficines, que són símbols de les empreses que tenen el poder econòmic. A partir d'aquí, les ciutats comencen a competir en la construcció de gratacels.

Sorgeix l'escola de Chicago, a partir de l'últim quart del segle XIX, amb edificis que tenen una estructura metàl·lica com a sustentació, amb una funció principalment comercial per albergar oficines en les seves plantes i establiments comercials en la planta baixa. La primera obra arquitectònica és el Home Insurance Building de Chicago construït entre els anys 1883 i 1885 i projectat per William Jenney. Després de Jenney, altres arquitectes com Sullivan o Richardson es veuran atrets per projectar gratacels.

A partir d'aquí , la proliferació d'edificis alts fou una constant, no solament als EEUU ja que poc a poc s'anirà estenent aquesta tendència cap a Europa. Els centres de les ciutats continuen essent els centres comercials, financers, administratius entre d'altres. Es podria afirmar que els gratacels de l'escola de Chicago són un dels antecedents de les marques arquitectòniques d'empresa, quan moltes companyies construeixen un edifici alt o espectacular per donar imatge a la companyia.

3.3. La cultura global

A partir dels anys 80 del segle XX, es produeixen canvis importants en aspectes econòmics i productius. Apareix el fenomen de la globalització, marcant l'era post- industrial, amb empreses cada vegada més grans, amb un auge de les multinacionals que treballen i arriben a molts països, amb volums d'importació i exportació considerables. Es produeix una especialització dels llocs de treball, acompanyats d'una major formació, alhora que augmenten els avenços tecnològics. Un informe del Fons Monetari Internacional a l'abril del 1997, defineix el fenomen de la globalització com:

"La creixent interdependència econòmica entre les nacions i en tot el món mitjançant l'aug-ment del volum i de la varietat de les transaccions fronteres de bens, serveis i fluxos de capital i també mitjançant la ràpida i àmplia difusió de la tecnologia" (Estapé, 2001).

En aquesta afirmació es remarca la importància de les grans empreses amb un volum de producció i facturació rellevant, per influir en la economia tant interior com exterior dels països. Marcelo Dachevsky és un autor que estudia el fenomen de la globalització des del punt de vista de les grans empreses i afirma categòricament:

"Arriben les grans companyies d'escala mundial, més poderoses que alguns estats per la seva capacitat per generar riquesa, desenvolupar regions i crear ocupació, demostrant que la seva planificació resulta ser més efectiva que moltes polítiques de desenvolupament nacionals i convertint-se en claus per la sostenibilitat de moltes economies" (Dachevsky, 2001: pàgina 57).

Les noves tecnologies de la informació separen la dependència física del lloc de treball, i es produeix l'augment de les feines informatitzades que es poden desen-volupar des de qualsevol lloc, la qual cosa influeix també, en reunions, trobades laborals, gràcies a mòbils, vídeo-conferències, etc.

El lloc físic de treball perd pes. Les distàncies es comencen a mesurar en temps i no en distància, gràcies als avenços en els mitjans de transport, sobretot en quan a ponts aeris, trens d'alta velocitat, autopistes més preparades, etc. Els radis ur-bans es van estirant cents de quilòmetres. Dachevsky resumeix molt bé aquests canvis a la Taula 1.

Analitzant aquest esquema comprovem que es produeixen alguns canvis conside-rables en els sistemes productius. Mentre a l'època industrial la base del sistema productiu era el capital i el treball i els recursos eren les matèries primeres, en l'època actual la base del sistema productiu és el coneixement i el principal recurs, la informació.

La orientació de la producció passa de ser estandarditzada a ser flexible i perso-nalitzada. Ja no són productes que volen arribar a tothom, sinó a un segment més especialitzat. Es diversifica el consum, la compra ja no és l'única forma sinó que apareixen diferents opcions com lloguer, segona mà i altres, que permeten gaudir de productes i serveis, sense haver d'adquirir-lo.

CANVIS TECNOECONÒMICS		
	Industrial	**Post- industrial**
Model	Productivista i economies d'escala	Desenvolupament sostingut i durador
Base productiva	Capital i treball	Coneixement
Recursos	Matèries primeres i energia	Informació
Riquesa	Recursos naturals i exportacions	Optimització productivitat
Modernització	I + D (investigació i desenvolupament)	Inserció en xarxes
Enfocament	Producte	Procés
Camp de la innovació	Tècnica productiva	Organitzativa
Orientació de la producció	Massiva / Estandarditzada	Flexible / Personalitzada
Procés de producció	Internalitzat/ Secret	Externalitzat / Col·laboratiu
Èxit productiu	Individualista	Equip
Concepte del valor	Bens escassos / Aïllament	Accés a les xarxes / Interacció
Cicles de vida	Curts / Usar i tirar	Llargs/ Reciclar
Orientació dels mercats	Oferta	Demanda
Relació amb clients	Fràgil	Robusta
Relació amb objectes	Compra	Experiència
Valors del consumidor	Propietat	Ús
Context cultural	Exclusiu	Inclusiu
Agents socials	Confrontació	Interacció
Relacions	Reals	Virtuals

Taula 1. Canvis tecnoeconòmic (Dachevsky, 2001: pàgina 86).

CAPÍTOL 4

ALTRES RELACIONS ENTRE L'ARQUITECTURA I LA COMUNICACIÓ

En aquest capítol ens endinsarem en altres relacions que s'estableixen entre les dues disciplines: l'Arquitectura i la Comunicació, i que complementa la posterior anàlisi de marques arquitectòniques.

4.1. L'arquitectura un nou mitjà de la comunicació

Amb la irrupció de la comunicació de masses i l'aparició dels diferents mitjans de comunicació, aquests es relacionen amb totes les disciplines de la vida quotidiana: l'economia, l'educació, etc. i per tant, l'arquitectura també es veu influenciada per l'impacte dels nous mitjans. Quan els mitjans apareixen per tot arreu, l'arquitectura i les ciutats es veuen envaïdes per imatges, tant de senyalització com de publicitat, unes amb un caràcter comunicatiu o informatiu i les altres, amb un caràcter comercial o persuasiu.

La ciutat es veu inundada d'anuncis publicitaris i qualsevol espai o element es converteix en suport. La publicitat exterior és el conjunt de mitjans o suports que s'utilitzen per anunciar en la via pública, en carrers, places, llocs d'afluència de vianants com estacions de metro, de tren, vies com carreteres, autopistes, en fi, llocs on el públic passa o s'hi para temporalment. La principal característica de la publicitat exterior és que ha de ser més efectiva en ser vista que no pas en ser llegida.

Els suports més freqüents en publicitat exterior són: les tanques publicitàries, els quioscos, les marquesines o parades d'autobús, rellotges, senyalitzadors d'informació i temperatura, lones per edificis en rehabilitació, banderoles, transports públics: metro, autobusos, ferrocarrils, estacions, taxis, aeroports i línies aèries, unitats mòbils, globus i suports inflables, i tot els tipus de rètols comercials de les botigues o establiments.

La col·locació de publicitat és molt variada en quan a espais i suports, i cerquen la integració en l'entorn urbà; a vegades, estan en conflicte amb aquest, per això, s'ha anat restringint el seu ús, com és el cas de les carreteres i de les platges.

Moltes marques comercials d'àmbit internacional són presents en tots els centres urbans de les grans ciutats, esdevenint més conegudes que marques autòctones. Són marques fàcils de reconèixer arreu i amb espais familiars, essent la decoració similar tant a la Xina, com a Europa o als EEUU.

Aquestes marques, en forma de franquícies, copsen els espais comercials més ben situats i centrals de les ciutats degut al seu poder econòmic i moltes vegades ho fan sense tenir en compte les característiques arquitectòniques, tradicionals o culturals de l'entorn que ocupen.

4.2. L'arquitectura com a sistema d'elements comunicatius

Partint de la definició d'Arquitectura com l'art de crear amb estructures materials relativament estables i sòlides, els espais interiors i exteriors destinats a albergar les diverses formes de vida humana. En aquesta definició cal destacar dos aspectes: primer que l'arquitectura està construïda per estructures i materials i la segona, que té una finalitat determinada per la qual ha estat projectada.

I podríem afegir que l'estructura i els materials van íntimament lligats amb la finalitat de l'edifici. No s'ha d'oblidar, a més, que cada edifici és reflex de la personalitat de l'arquitecte que l'ha ideat, de l'època a la que pertany i de la tendència arquitectònica que representa.

Podríem assenyalar doncs, que l'arquitectura és un sistema d'elements i aquests, d'alguna manera, expressen la personalitat d'aquest sistema, és a dir, tenen una clara funció comunicativa. Ho exemplificarem amb casos concrets:

Les catedrals són els edificis més emblemàtics de l'Edat Mitjana, amb les diferents tendències que es succeeixen: romàniques, gòtiques, etc. i cada tendència amb els seus propis elements comunicatius: vitralls, columnes, finestres, altars, etc.

Els palaus del Renaixement expressen la grandesa de les conquestes que es produïren en aquesta època, amb una clara imitació de l'antiguitat grecollatina, on destaquen les altes cúpules, i la decoració interior amb frescos i escultures.

A partir de la Revolució Industrial, els materials de construcció s'afegeixen en la llista d'elements comunicatius com ho son el ferro, l'acer, el vidre, el formigó... plasmant-se en noves infraestructures com canals, ponts, túnels, etc.

En tots els casos, l'Arquitectura és un sistema d'elements comunicatius on els seus elements expressen la seva funció, els materials utilitzats, la seva època, una tendència, la personalitat de l'autor o del propietari, etc.

4.3. Arquitectura de comunicació

La conseqüència de l'impacte de la publicitat en l'arquitectura és l'anomenada "Arquitectura de comunicació" defensada pels seguidors de l'Arquitectura Pop. Robert Venturi i Denise Scott-Brown són arquitectes que defineixen aquest concepte quan analitzen l'arquitectura en relació amb els mitjans de comunicació i en especial amb la publicitat. Per aquests autors, la comunicació i la publicitat ja són un tret habitual en l'arquitectura, com ho són els materials, l'estructura, etc. Defensen aquest concepte argumentant:

"Quan és necessari que un edifici tingui expressió, no som partidaris de donar-la a través dels propis elements arquitectònics (espai, volum, estructura o programa) sinó d'elements superposats com els signes, que funcionen millor, no solament perquè són més barats, sinó

també perquè el seu llenguatge s'entén més fàcilment. Faríem més per l'embelliment de la ciutat amb el desenvolupament de la tecnologia dels signes i de l'interès del públic en ells que amb una legislació contrària als anuncis. L'arquitectura no hauria de tractar de competir amb ells" (Venturi & Scott-Brown, 1979: pàgina 10).

La seva defensa del llenguatge dels signes és aferrissada, per tractar-se d'elements comunicatius que acompanyen a l'arquitectura. Reafirmen la funció expressiva dels signes que no podran assolir mai els propis elements i materials arquitectònics. L'arquitectura de comunicació que ells defensen es pot veure expressada en multituds d'exemples, des de senyals per orientar-se i desplaçar-se; en rètols col·locats per tota la ciutat, en tanques publicitàries, en façanes cobertes per tot un anunci publicitari. Sobre una d'aquestes façanes cobertes amb un anunci publicitari en fan referència Robert Venturi i Denise Scott-Brown:

"El rètol que identifica el Motel Monticello, la silueta d'un enorme galant de nit, estil Chippendale, és més visible des de l'autopista que l'hotel...; és més una arquitectura de comunicació que d'espai; la comunicació domina l'espai com element en l'arquitectura i en el paisatge... La persuasió comercial de l'eclecticisme als costats d'una carretera provoca un fort impacte en l'ampli i complex marc d'un nou paisatge de grans espais, altes velocitats i programes complexes. Estils i signes estableixen connexions entre diferents elements molt distants entre sí, però que es veuen a simple vista. El missatge és bàsicament comercial, el context és bàsicament nou" (Venturi & Scott-Brown, 1979: pàgines 33-34).

La ciutat que encarna millor l'arquitectura de comunicació és la ciutat de Las Vegas, A l'estat de Nevada.

Una descripció sobre Las Vegas, feta per diversos autors en *Els Moviments Pop* és la següent:

"La ciutat de Las Vegas no té arbres i edificis, solament té anuncis publicitaris, signes, torres de signes, muntanyes d'aquests, que es mouen, oscil·len, canvien de forma. Els propietaris d'hotels, motels, casinos, benzineres, restaurants i snacks no compren un anunci que s'adapti al seu edifici, sinó que construeixen un edifici adequat pel major signe que puguin pagar" (VVAA, 1973: pàgina 83).

Per tant, a Las Vegas la publicitat guanya a l'arquitectura i aquesta està supeditada a la publicitat, reflex de la imatge i el consum. Robert Venturi com a defensor de l'arquitectura de comunicació, analitza també aquesta ciutat:

Imatge 1. Ciutat de Las Vegas (www.wherry.com).

"A Las Vegas, els rètols utilitzen mitjans mixtes: paraules, imatges i escultures per persuadir i informar. Contradictòriament, el rètol és pel dia i per la nit. El mateix anunci funciona com escultura policroma al sol i com silueta negra contra el sol; de nit és una font de llum. Gira de dia i es converteix en un joc de llums per la nit" (Venturi, Scott-Brown & Izenour, 1998: pàgina 78).

L'arquitectura té la seva funció i la publicitat també, poden conviure com ho fan en moltes ciutats, París, Londres, Roma, Barcelona, en equilibri, sense que una guanyi la batalla a l'altra i convivint gràcies a normatives metropolitanes que regulin les intervencions publicitàries en l'entorn arquitectònic.

Les dues disciplines, Arquitectura i Publicitat són necessàries en el món actual globalitzat. Talment, la millor ensenyança del Moviment Pop, no ha estat establir la ciutat de Las Vegas com a paradigma de la ciutat del futur sinó donar a entendre que les imatges gràfiques i publicitàries en l'entorn urbà són ja una realitat, que és la conseqüència de la cultura de masses i que aquesta realitat no es pot obviar, ni per arquitectes ni per publicistes.

4.4. L'arquitectura com a símbol

Abans d'endinsar-nos en el tema de l'arquitectura com a símbol, cal definir clarament que entenem per "símbols".

Una primera definició de símbol recollida en el *Diccionario enciclopédico abreviado* d'Espasa-Calpe, podria ser:

> *"Un símbol és la imatge, figura o divisa amb la que, materialment o de paraula, es representa un concepte moral o intel·lectual per alguna semblança o correspondència que es pot percebre entre el concepte i la imatge"* (VVAA, 1977: pàgina 203).

Per aprofundir més en aquesta definició, Adrian Frutiger es pregunta que és simbòlic, al·legant que símbol i simbòlic són dos termes amb definició paral·lela.

> *"Que és simbòlic? Al contemplar quadres, escultures, edificis, adornaments varis, fins i tot la ornamentació en objectes utilitaris, segons de l'època que siguin, sorgeix indefectiblement la qüestió. Que es pretén amb això? Lo pictòric o els adornaments no solen ser unívocament "llegibles". L'observador li posa un sentit implícit i tracta d'esbrinar-ho. Aquest, s'anomena "contingut simbòlic"* (Frutiger, 1999: pàgina 176).

En aquesta definició d'A. Frutiger és interessant destacar-ne dos punts. La primera, la referència als edificis com elements que tenen implícit un caràcter simbòlic i la normalitat en trobar edificis amb algun tipus de simbolisme.

La segona referència de la definició de Frutiger és la presència d'un observador que li posa un sentit al símbol, en el que és per a ell, el seu contingut simbòlic, proper, distant o diferent dels continguts simbòlics que li poden adherir altres observadors. Es confirma així, que la part més important d'un símbol és la seva percepció, de manera que l'observador és el receptor que li dona aquest contingut simbòlic. En cada ciutat trobaríem edificis que poden esdevenir símbols, per la seva tendència arquitectònica, per la seva funcionalitat, etc.

El Liceu i el Palau de la Música Catalana no són símbols de la música? I la Pedrera i la Sagrada Família no són símbols del Modernisme?

Molts edificis ja van ser projectats per a esdevenir símbols però altres ho han esdevingut pels fets i els esdeveniments viscuts després de la seva construcció. Fins i tot, podríem trobar edificis que van ser un símbol en un determinat moment històric però que el pas del temps ha anat diluint aquest significat.

Sempre hi ha hagut la creença que l'arquitectura ha de ser alguna cosa més que materials, estètica, construcció i estructura. En la majoria d'èpoques històriques, l'art i l'arquitectura han representat una simbologia característica per la societat que representen. En l'època medieval, el gran element simbòlic és la catedral, símbol del poder eclesiàstic i centre de la societat medieval. Des d'un punt de vista arquitectònic la catedral és l'element més significatiu i a més és el símbol del poder religiós, imperant en l'Edat Mitjana. Estan caracteritzades pels diferents estils arquitectònics: el Pre-romànic, el Romànic i el Gòtic. Algunes millores arquitectòniques són elements constructius com un sistema de sustentació per arcs i contraforts dels murs, els arcs de ferradura, més tard, els arcs circular i els arcs apuntats, juntament amb les boveres. Marcelo Dachevsky parla de la catedral com a símbol en l'època medieval.

Imatge 2. Empire State Building i banderes americanes. Símbols als EEUU
(http://www.espanolesenelmundo.com.es/empire-state-building/).

arcs apuntats, juntament amb les boveres. Marcelo Dachevsky parla de la catedral com a símbol en l'època medieval.

"La catedral es pot considerar la primera generació dels "mass-media" de la història, tan ben planificat que fou el primer àudio (sermó), visual (vitralls, estàtues i demés imatges) que modelava i controlava a la seva imatge i semblança a poblacions senceres. Per aquesta raó és, que en ella conflueixen interessos econòmics i innovacions tècniques per aconseguir la més destacada, la més atractiva i important. Els mercaders i demés grups d'interès de la ciutat aportaven fons per la construcció o pagaven alguns elements específics, com vitralls, àbsides, escultures..; això permetrà guanyar-se el cel, de la mateixa forma que una promoció i un lloc en la terra" (Dachevsky, 2001: pàgina 25).

Les catedrals es converteixen en un element que consolida la identitat de la ciutat, la projecta a l'exterior i potencia una relativa centralitat que en períodes posteriors serà realment valorada. Les catedrals són els centres d'una ciutat i/o regió. En el mateix període, les muralles són un símbol de poder i protecció enfront els enemics.

I a partir del segle XIX, la proliferació d'edificis, gratacels i el boom de la construcció han portat molts edificis a la qualificació de símbols, potser per la seva funcionalitat, per les dimensions i altures, pels avenços que connoten, etc. Podríem trobar diverses funcions i tipologies: universitats, museus, edificis governamentals, zones lúdiques, grans magatzems, etc.

La simbologia ha anat canviant al llarg del temps passant de ser més religiosa, tradicional i filosòfica a ser més pagana, comercial i persuasiva. Ja en el segle XX, els gratacels que es construeixen són el gran símbol del poder econòmic, i molts països sospiren per tenir el gratacel més alt.

El World Trade Center de Nova York era un símbol de poder als EEUU i les bandes terroristes musulmanes, en el seu afany de destruir el que consideren el seu enemic principal, no dubtaren en atemptar contra les Torres Bessones, on hi treballaven milers de persones d'arreu del món, aconseguint el seu objectiu de, a més de matar un nombre important de civils, atemptar contra un símbol del món occidental. Després d'aquell 11 de setembre del 2001, encara és més, un símbol del patriotisme nord- americà. L'analitzarem posteriorment com a marca arquitectònica.

CAPÍTOL 5

L'ARQUITECTURA COM A MARCA

5.1. El pas de símbol a marca

Cada producte del mercat va acompanyat de la seva marca, que és el segell del fabricant. Les marques comercials competeixen les unes amb les altres per estar ben posicionades en el mercat i la marca influeix en l'èxit comercial i econòmic de les empreses. Aquest concepte es pot aplicar a molts productes, objectes, idees, disciplines... El pas de "símbol" a "marca" es produeix quan s'intenta comercialitzar amb els símbols. Per les seves característiques excepcionals, els símbols són motiu d'admiració, la qual cosa provoca sentiments de curiositat i de saber. Els símbols no passen desapercebuts i provoquen tot, menys indiferència.

Les estratègies de màrqueting degudament aplicades en els mitjans de comunicació provoquen la curiositat dels consumidors, convertint-se en interès massiu, persuasiu, per obtenir un benefici econòmic en vendes, tant directa com indirectament. Les estratègies comercials poden tenir diferents objectius: introduir un producte en el mercat i donar-lo a conèixer; potenciar la imatge d'una empresa en una zona determinada; augmentar les vendes de productes, etc. Totes són estratègies que potencien el consum a curt o llarg termini.

Un exemple és la construcció del museu Kunsthaus de la ciutat de Graz a Àustria, projectat pels arquitectes Peter Cook i Colin Fournier, un edifici amb formes espectaculars, arrodonides, i amb unes protuberàncies en la teulada d'on arriba la llum natural; Ja ha rebut diferents noms com "l'edifici alienígena".

La zona on s'ha situat el museu, abans sense cap tipus d'interès, s'ha transformat completament amb l'aparició de comerços i serveis de tot tipus que fan l'estada més agradable al visitant. El Kunsthaus ja s'ha convertit en la marca arquitectònica de la ciutat dels Alps.

Per tant, la marca apareixerà quan el símbol es pot consumir d'alguna manera: comprant, visitant, coneixent, admirant... Una marca no surt d'un dia per l'altre, es va consolidant, de la mateixa manera que una estratègia de màrqueting es planifica, es controla el seu desenvolupament i s'avaluen els resultats i els beneficis posteriors.

Imatge 3. Museu Kunsthaus. Marca arquitectònica de la ciutat de Graz (www.kunsthausgraz.at).

Jordi Pericot encercla la evolució i consum dels productes en productes símbols ens parla del consum de símbols afirmant que:

"Del producte manufacturat industrialment amb unes qualitats materials s'ha passat a un producte exclusivament caracteritzat per la càrrega simbòlica... S'ha passat a un producte símbol, interpretat i adquirit després de valorar-ne la imatge, el caràcter i la identitat de l'empresa productora o simplement distribuïdora" (Pericot, 2002: pàgina 15).

En la definició de Pericot, trobem tres trets essencials pel nostre concepte de marca: la imatge, el caràcter i la identitat de l'empresa, o sigui la imatge que es percep, el contingut intrínsec del símbol i la identitat de l'emissor que ho transmet. I continua afegint:

"Amb tot plegat sorgeix novament, la necessitat de diferenciar amb l'afegit simbòlic la producció pròpia de la resta... L'evolució i la consolidació del mercat comporten l'establiment de diferències més enllà del producte potenciant-ne la marca com un món possible dins el qual el producte adquireix la seva identitat" (Pericot, 2002: pàgina 15-16).

Per vendre un producte, cal tenir marca que és el seu nom, la seva procedència, la seva qualitat. És l'etiqueta o el segell d'identificació de qualitat. Un producte amb marca connota més garanties que un producte sense marca, darrera hi ha una empresa, un servei tècnics, un full de reclamacions, etc. L'expressió tan arrelada "marca no t'hi fixis", és refereix un producte poc valorat. Els productes amb marca es paguen més. Un producte sense marca és més barat, ningú respon del producte si no supera les expectatives posades en la seva compra.

Tanmateix, la marca en sí és un reclam publicitari. Marques multinacionals consolidades quasi no necessiten una publicitat reiterativa; són marques reconegudes i un reclam es sí mateixes. En trobem en la indústria automobilística, esportiva, alimentària, tèxtil, etc.

5.2. Marques arquitectòniques

Són molts els autors que parlen de "marca arquitectònica" però cap la defineix amb exactitud, tothom la dóna per entesa i aquest és l'objectiu del nostre estudi, trobar una definició de marca arquitectònica que ajudi posteriorment a entendre, catalogar i classificar les diferents marques o edificis que ho puguin ser.

"Una marca arquitectònica és aquell edifici, monument o conjunt arquitectònic que atreu milers de visitants. Les ciutats cerquen una marca amb la qual distingir-se les unes de les altres. Immersos en la societat del consum, la marca ajuda a promocionar la ciutat.

En una escala menor, les empreses també busquen la seva marca arquitectònica, l'edifici emblemàtic que s'associa amb la identitat de la companyia" (Pujol, 2004: pàgina 8).

Les marques arquitectòniques ho poden ser per representar una tendència arquitectònica, per la seva innovació en materials, per la seva monumentalitat, per les formes, etc. El motiu pel qual una arquitectura es considerada una marca s'haurà d'analitzar detingudament en cada cas.

5.2.1. Escales de valors de marques arquitectòniques

L'abast de la marca i el que representa configura el valor. Es poden trobar escales de valors de les marques. Un edifici que és símbol pot esdevenir marca, representant a una empresa, una marca per la seva ciutat o fins i tot pel seu país. També pot ser una marca, l'arquitecte que l'ha projectat, quan el seu prestigi internacional i la seva reconeguda carrera professional són un motiu afegit al valor arquitectònic. L'àmbit de coneixement i admiració d'una marca estableix l'escala de valors.

5.2.2. Marca arquitectònica d'empresa

En una escala menor, les empreses busquen la seva marca arquitectònica, l'edifici emblemàtic que s'associa amb la identitat de la companyia. El món empresarial ha vist en l'arquitectura el valor afegit per representar-se mitjançant edificis que s'identifiquin amb la seva estratègia empresarial i que els posiciona davant clients, consumidors o empreses competidores. Guillermo Cisneros, opina sobre les marques d'empresa:

"Aquest tipus d'edificis entren a formar part del patrimoni de la companyia. "És una mostra clara d'identitat i reflexa la personalitat de l'empresa... Gràcies a aquests edificis, puja l'autoestima de l'organització i les empreses guanyen atractiu en el moment de captar personal... I a la vegada, la ciutat acaba per identificar-se amb ella. L'edifici acaba com a punt de referència social" (Cisneros, 2002).

Per tant, es valora molt la ubicació de l'empresa i aquesta ubicació com a referent social. La construcció d'un edifici o en el cas de rehabilitació han de respondre a la filosofia de l'empresa. En el mateix sentit, l'arquitecte Luis Alonso reafirma:

"Amb aquests edificis, les companyies augmenten també l'arrelament local. És més difícil que abandonin el seu lloc per traslladar-se a un altre. Quan es fa una aposta de futur tan forta en la ubicació, s'està invertint en la ciutat" (Alonso, 2002).

La construcció d'un edifici emblemàtic o que representi a l'empresa suposa una forta inversió i suposa una aposta tant en arquitectura com en instal·lacions. Així doncs, la decisió de l'emplaçament sol ser clau. Les empreses busquen espais ben comunicats amb serveis, transports públics i facilitats logístiques per ubicar els seus edificis emblemàtics que solen ser edificis d'oficines on gestionen tota l'empresa. L'emplaçament és clau i el grau d'innovació en l'edifici és fonamental per a esdevenir una marca.

Va creixent la quantitat de fàbriques i centres de producció que estan fora de les ciutats, ubicats en moderns polígons industrials. A vegades, els antics edificis en els centres de les ciutats es rehabiliten i es mantenen com a edifici d'oficines, en el cas d'arquitectures interessants o si més no, es mantenen per

Imatge 4. Fàbrica tèxtil Casarramona. Actual Centre d'art Caixaforum a Barcelona (fons propi).

la popularitat de l'edifici i l'arrelament social que tenen els habitants amb ell. És un lloc que ha sigut i és un punt de referència de l'empresa i no hi ha la voluntat de canviar-ho.

Altres fàbriques originals es rehabiliten per funcions diverses com a centres culturals, zones comercials i lúdiques, hotels, etc. Pablo Aguilar assenyala concloent:

> *"Mitjançant aquestes iniciatives, les companyies obtenen també una notorietat i una publicitat inesperada. Aconsegueixen que es parli d'elles de forma gratuïta"* (Aguilar, 2002).

Algunes marques arquitectòniques d'empresa acaben essent un referent social i es converteixen també en la marca de la ciutat. Són els casos d'algunes marques automobilístiques, que amb la seva presència, han dinamitzat una ciutat i la seva seu central es converteix en un punt turístic. La marca General Motors té el seu edifici emblemàtic a Detroit i rep el nom de GM Renaissance Center. La marca alemanya Mercedes Benz té la seva seu a la ciutat de Stuttgart on a més, té el museu automobilístic de la marca que compta amb un nombre important de visitants i seguidors i és la principal carta de presentació de la firma automobilística.

En la mateixa línia, altres marques es fan representar per un edifici emblemàtic. La marca Coca-cola té la seva seu a Atlanta i feu construir el seu edifici "Coca-cola Markel Building" a l'arquitecte Haigh Jamgochian.

Les Torres Petronas o anomenades també Kuala Lumpur City Center, a més de ser la marca d'empresa, s'ha convertit en la marca de la ciutat de Kuala Lumpur i està per veure si es convertirà en la marca d'un país. De moment, ja en són els edificis més coneguts.

5.2.3. Marca arquitectònica de ciutat

Una altra escala de marca arquitectònica és la marca d'una ciutat, un fenomen creixent per l'aparició de noves construccions en ciutats que busquen identificar-se amb un edifici emblemàtic. En la creació d'aquesta marca arquitectònica hi ha la voluntat de diferenciar-se de les altres ciutats. Les ciutats tenen diverses marques, tot i que sempre en hi ha alguna que destaqui per damunt de les altres.

Són ciutats amb molt atractiu turístic com Londres, París, Nova York i els seus visitants poden gaudir d'una estada en la ciutat recorrent i visitant les diferents marques. Dachevsky ens parla de la obligatorietat de marques en les ciutats modernes, per diferenciar-se les unes de les altres:

> *"Tant empreses com organitzacions governamentals, ONGs, i altres, busquen associar-se a una imatge que aporti valor per la seva relació amb un espai amb la màxima qualitat i projecció... Les Torres Petronas o les Twin Towers; museus com el Guggenheim de Bilbao o rellotges com el Big Ben; infraestructures com els tramvies de San Francisco o els autobusos de Curitiba. Altres ciutats utilitzen els seus personatges com Memphis a Elvis, o a empreses, com Atlanta a Coca-cola... Però existeixen altres elements menys tangibles amb un caràcter negatiu important com Bangkok i la prostitució infantil, Bogotà i la violència, Ciutat de Mèxic i la contaminació, o la màfia a Sicília, que es converteixen en una creu pels que es troben associats a ells"* (Dachevsky, 2001: pàgina 107).

Les ciutats que tenen una marca negativa hauran de fer esforços per minimitzar-la i intentar crear alguna nova marca que faci oblidar la primera. No és tan fàcil esborrar-les. Algunes marques negatives són font de forts interessos econòmics per part de bandes o xarxes organitzades amb molt poder i que sovint, els propis estats es veuen impotents per contrarestar-les.

En l'intent de gaudir d'una marca arquitectònica, moltes ciutats opten per construir un gratacels, que a més de ser visible des de molts punts de la ciutat, tingui una arquitectura admirable i competeixi en el rànquing d'edificis més alts del món.

El Tenerife Opera House és l'aposta arquitectònica de la ciutat canària, obra de l'arquitecte Santiago Calatrava, per oferir quelcom més al turisme de sol i platja (Imatge 5).

Una altra possibilitat de marca arquitectònica de ciutat és que ho sigui tota la ciutat. És el cas de Las Vegas, on no hi ha cap edifici que sobresurti per damunt dels altres.

És la ciutat- anunci. Amb la seva particularitat, gaudeix d'una popularitat sense precedents. Les característiques de la ciutat de Las Vegas ja ha estat analitzada en el capítol 4.3, com a exemple d'Arquitectura de comunicació.

Imatge 5. Tenerife Opera House (www.arquitectura.com).

5.2.4. Marca arquitectònica de país

Quan una marca d'una ciutat és tan destacada que és extrapolable a un país, aquest edifici o arquitectura es converteix en una marca nacional. La característica de les marques arquitectòniques nacionals és que són els edificis o construccions més visitats, amb diferència respecte la resta d'edificis. No és fàcil trobar marques arquitectòniques d'un país però en destaquem alguns exemples.

El temple del Taj-Mahal és la marca arquitectònica més destacada de la Índia i la visita obligada en el país asiàtic. A la Xina, tot i no ser específicament un edifici, la gran Muralla Xinesa és una construcció que compleix perfectament la funció de marca d'un país. A Europa, i en concret a França, la Torre Eiffel és el monument més carismàtic de la capital i la seva forma característica ha servit de marca reproduïble en molts productes i *souvenirs* per turistes que es volen emportar un record del país. A Rússia, el conjunt de la Plaça Roja amb el Kremlin, és l'espai més conegut internacionalment.

Imatge 6. La Torre Eiffel. Marca de la ciutat de París i marca nacional
(www.paris.org/monuments/eiffel).

Unes altres marques arquitectòniques de país són edificis o construccions realitzats en civilitzacions antigues que no aprofundirem en el seu estudi per centrar la nostra tesi en el segle XX. Un exemple ho serien les piràmides. En aquest cas no és una piràmide en concret sinó la forma o estructura com a construcció d'una civilització antiga. Ho són tant les piràmides de Gizeh a Egipte com les piràmides de Mèxic, característiques de la civilització maia.

En canvi, en alguns països tenen molts edificis que són marques arquitectòniques de ciutats o zones i costa que una sobresurti per damunt de les altres, són els casos d'Itàlia, Espanya, Suïssa, EEUU, Holanda i molts d'altres.

5.2.5. Els museus com a noves marques arquitectòniques

Els museus s'han convertit en espais visitats per milers de visitants en una nova concepció de la barreja d'aposta cultural, art, arquitectura i mitjans de comunicació. L'evolució dels museus des de la línia tradicional a la nova concepció reflecteix la nova societat i les transformacions constants. Els museus per tant no podien quedar al marge; Avui son espais més accessibles i agradables, amb llocs grans, lluminosos, on l'arquitectura, tant interior com exterior té un paper predominant.

El primer museu d'art contemporani amb la voluntat de ser un museu diferent fou el Museu d'Art Modern de Nova York, projectat el 1929 i més conegut per les seves inicials: MOMA. Va ser construït amb una línia arquitectònica propera a l'escola Bauhaus, projectat per l'arquitecte japonès Yashio Taniguchi. El camí continuà amb l'aparició del Museu Guggenheim (també a Nova York), projectat per Frank LLoyd Wright.

Uns quants anys més tard a Europa podríem destacar el Centre Pompidou com a museu d'art contemporani amb una arquitectura singular, en la línia de trencar amb els cànons tradicionals de museus, projecte de l'arquitecte Renzo Piano al

Imatge 7. Museu MOMA a Nova York (www.gimponthengo.com/moma).

1977. José Manuel Falcón-Meraz, estudia l'evolució dels museus, qualificant-la d'imparable:

"La metamorfosi que ha experimentat el concepte de museu al llarg de la història és tremenda i s'ha reflectit d'una manera contundent en la seva arquitectura, on els espais públics concebuts per la exhibició visual han canviat de forma accelerada. Els museus s'han tornat més accessibles a la societat i avui en dia, son un gran espai de comunicació de masses i reflex de la cultura del lloc. Com quasi tot avui en dia, l'art és un fenomen de masses" (Falcón-Meraz, 2005).

I ho continua reafirmant de la següent manera:

"Es distingeix la importància de la publicitat i el màrqueting en aquests projectes, tant de l'arquitectura com del mateix procés creatiu, intentant situar-los com 'artefactes culturals internacionals' i ser sobretot, innovadors, arribant al grau de presentar una barreja de museu- espectacle" (Falcón-Meraz, 2005).

En els pensaments d'aquest autor es reflecteix la importància de l'arquitectura en el museu, així com del plantejament creatiu dels espais, la publicitat i les programacions en les exposicions, essent un treball d'equip on tots els factors son determinants. Neix un nou concepte, el de museu-espectacle. En la mateixa línia, Eva Millet analitza el fenomen creixent de construcció de museus i centres culturals com a marques arquitectòniques de ciutats:

"Ciutats de tot el món han vist com una aposta arquitectònica per un museu transforma el seu entorn i col·loca el seu nom en les principals rutes turístiques. Els museus estan en el centre d'una altra manera de gaudir les ciutats, i les col·leccions que abans eren privilegi d'uns quants, tenen llargues cues de visitants atrets també pel propi espectacle de l'arquitectura" (Millet, 2005: pàgina 54).

Des de finals dels anys 90 s'ha produït un augment de construcció de museus localitzats en diferents països, especialment d'Europa, Àsia i Amèrica. Els museus més destacats s'han convertit en llocs de peregrinació obligada en la visita d'una ciutat. Ha canviat el caràcter històric i social dels museus:

"Els museus, durant segles espais privats on les obres d'art solament s'exhibien per a monarques i aristòcrates, avui són llocs davant els quals es formen cues quilomètriques de plebeus i que tenen el potencial de regenerar una zona, una institució i fins i tot, una ciutat" (Millet, 2005: pàgina 56).

Amb aquesta voluntat de regenerar una ciutat o una zona han aparegut museus arreu del món. La pionera en aquesta iniciativa fou la ciutat de Bilbao amb la construcció del Museu Guggenheim, projectat per l'arquitecte Frank Gerhy. Aquest és un dels casos de marques arquitectòniques que analitzarem posteriorment, en el capítol 6. Una iniciativa com aquesta comporta nous llocs de treball directes i indirectes, així com la revitalització de l'economia de la zona. Eva Millet ho defineix de la següent manera:

"*Avui s'anomena "efecte Bilbao" a la transformació econòmica i cultural d'una ciutat a l'aposta per un edifici estrella com el Guggenheim*" (Millet, 2005: pàgina 56).

A la ciutat americana de Cincinnati (Ohio), l'arquitecta iraquià Zaha Hadid ha projectat el Centre Rosenthal d'Art Contemporani, amb una estructura formada per cubs sobreposats i interrelacionats de forma asimètrica, destacant en l'entorn urbà.

En una altra ciutat americana, Milwaukee (Wisconsin), es va efectuar l'ampliació del seu museu d'art. L'encarregat d'aquesta ampliació fou l'arquitecte valencià Santiago Calatrava, que impregna tota la seva arquitectura de formes organicistes. En aquest cas, el museu s'assembla a una au que es reflexa damunt les aigües del llac Michigan. Amb aquest museu, s'ha aconseguit que la ciutat augmenti el nombre de visitants, fins ara atrets per altres ciutats americanes.

Un cas que cal mencionar és el Museu Jueu de Berlín, projectat per Daniel Libeskind, amb una arquitectura tant espectacular que va ser inaugurat sense cap exposició dins, donant mostres de la importància de l'arquitectura en un museu.

Altres podrien ser el War Museum de Manchester, també obra de Daniel Libeskind; el Museu O de pintura tradicional japonesa a la ciutat de Nagano projectat per la firma d'arquitectes japonesa Tokio Sanaa i amb una espectacular estructura de vidre corbada. A Texas, s'ha construït el museu d'art modern de Fort Worth, obra del japonès Tadao Ando, tot de vidre transparent, espectacular quan s'il·lumina per les nits.

En ciutats petites, el fenomen també succeeix. El museu Vulcania, amb forma cònica i projectat per l'arquitecte holandès Hans Hollein, està situat en la tranquil·la ciutat francesa de St. Ours- Les Roches.

Imatge 8. Centre Rosenthal a Cincinnati (www.guardian.co.uk).

No tots els museus es converteixen en les marques arquitectòniques esperades. El museu Guggenheim de Las Vegas, inaugurat el 2001 i obra de l'arquitecte Rem Koolhas, fou tancat als dos anys per no haver-se complert les expectatives creades. S'haurien d'analitzar acuradament les causes del fracàs d'un museu situat en una ciutat que de per si, ja és una marca arquitectònica i on prevalen els interessos d'oci i lúdics per damunt d'interessos culturals.

Les ciutats amb una imatge negativa aposten per la construcció d'un edifici que renti la imatge i les converteixi en atractives pel turisme. Jesús Pedro Lorente analitza com es contraresta aquesta imatge en tres ciutats: Bilbao, Liverpool i Marsella:

"Aquestes tres ciutats pateixen les conseqüències de la seva imatge negativa. En canvi, sus-citen un alt grau d'atracció i afecte personal. Poden semblar degradades, brutes, sorolloses, perilloses, però mai sense atractiu. L'explicació rau en la seva dimensió cultural. Liverpool, Marsella i Bilbao son ciutats essencialment proletàries, cosmopolites i multiculturals. Les tres han fet l'aposta de conferir a l'art el paper de palanca en el procés de regeneració urba-na" (Lorente, 2000).

Les ciutats busquen la marca que netegi la imatge negativa popular. Entre les diferents propostes de marca estan les marques arquitectòniques i entre aquestes, els museus culturals amb una arquitectura exterior espectacular.

5.2.6. L'arquitecte com a marca

Un arquitecte amb una trajectòria important pot esdevenir una marca, tant per la ciutat que tingui un dels seus edificis, com per ser el màxim representant d'una tendència arquitectònica. Arquitectes com Antoni Gaudí, Frank Gerhy, Arata Isozaki, Le Corbusier, Santiago Calatrava, Oscar Niemeyer, Frank Lloyd Wright, Norman Foster i molts d'altres són ja marques per la ciutat que pot albergar un dels seus edificis.

Quan una gran ciutat amb projecció internacional vol projectar un edifici per convertir-la en marca, si ho encarrega a un arquitecte de prestigi internacio-nal, la construcció ja comença a ser sinònim de marca, solament perquè ho està projectant un arquitecte que de per sí ja ho és. És el que s'ha anomenat "arquitectura de firma", quan l'arquitecte és ja una marca afegida a la marca arquitectònica.

José Manuel Falcón-Meraz analitza els inicis de l'arquitectura de firma en la cons-trucció del primer museu Guggenheim, a Nova York i la voluntat de la Fundació que porta el mateix nom:

"La Fundació Guggenheim manifestà des dels seus inicis la necessitat d'una obra enigmàti-ca i representativa de l'art contemporani i per això seguiren la tendència que encara avui es manté viva en els projectes de la seva línia museística: recórrer a "l'arquitectura de firma". L'organització encomanaria un anteprojecte a Frank Lloyd Wright, considerat en aquell moment, el millor arquitecte d'Amèrica" (Falcón-Meraz, 2005).

Un cas molt particular d'arquitecte com a marca és la d'Antoni Gaudí. Reconegut per ser l'arquitecte més destacat de la tendència artística de principis del segle xx: el Modernisme, moviment ric en formes creatives, varietat de materials, ric en ornaments i amb la vistositat de la tècnica del trencadís. Possiblement l'obra més destacada de Gaudí és la Sagrada Família, per ser la més visitada, sense desmerèixer les altres obres com la Pedrera, la Casa Batlló o el Parc Güell. Però Gaudí no és important per una obra en particular sinó pel conjunt de la seva obra i per ser tant prolífic, i a la vegada, per la seva diversitat en la comprensió de l'arquitectura; cada obra seva pretén ser diferent de les altres en simbologia, elements característics i varietat de materials. L'any 2002, fou l'Any Internacional Gaudí a Barcelona, per ser el 150é aniversari del seu naixement. La figura de l'arquitecte fou el centre de la major part de les iniciatives culturals de la ciutat durant aquell any. Durant

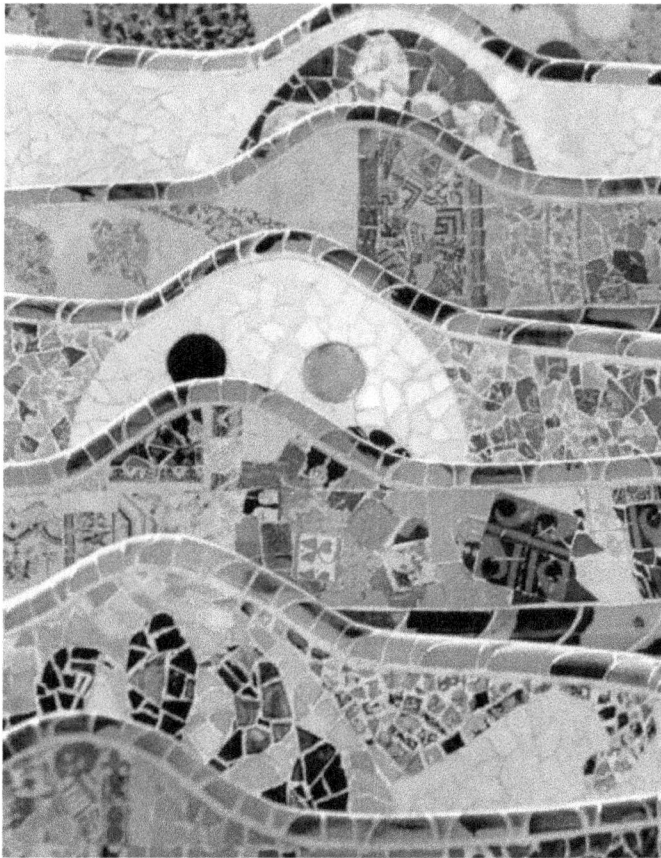

Imatge 9. Tècnica del trencadís. Parc Güell de Barcelona (www.arquitectura.com).

tot l'any, els seus edificis experimentaren un augment de visites important, tant dels habitants de la ciutat com de turistes de fora. Quasi es podria afirmar que l'arquitecte supera a la seva pròpia arquitectura com a marca.

Quan Gaudí projectà els seus edificis, els mitjans de comunicació de masses encara no estaven tan desenvolupats, per tant, no es podia imaginar la repercussió posterior de la seva obra. En canvi, els arquitectes actuals coneixen l'abast de la difusió dels mitjans de comunicació. Per tant, es podria afirmar que Gaudí ha esdevingut marca sense proposar-s'ho. Són les institucions o estaments les que han promogut la marca, a partir de la trajectòria extraordinària d'un arquitecte.

Un efecte com aquest el podríem trobar en altres ciutats, relacionades amb la vida d'un escriptor, un pintor, un músic, etc. La ciutat de Praga ve associada a l'escriptor Frank Kafka, Amsterdam amb el pintor Van Gogh o Mozart amb la ciutat de Salzburg. Les ciutats aprofiten els seus personatges més celebres per oferir esdeveniments i visites a cases i edificis relacionats amb ells com Strauss amb Viena i els Beatles amb la ciutat de Liverpool.

CAPÍTOL 6

ANÀLISI ESPECÍFICA
DE MARQUES
ARQUITECTÒNIQUES

Seguint la metodologia plantejada en el capítol 2 procedim a comentar les teories i fonts que argumentaran la nostra anàlisi.

Primerament, donarem les **dades històriques, geogràfiques, funcionals i tècniques** de qualsevol marca per poder, a partir d'aquí fer una anàlisi. Hem de situar l'arquitectura de què parlem.

En segon lloc, entrarem en l'anàlisi de la marca, mitjançant els mètodes següents que ens facilitaran diferents dades. La Teoria de la Percepció (2.1), per analitzar diferents elements de l'arquitectura. Amb aquesta metodologia podem estudiar aspectes físics i externs com: les textures, la forma, la simetria, les estructures i mòduls, els contrastos simultanis, el color i el moviment que podem trobar en un edifici, tot això en l'apartat: **Dades Perceptuals.**

En la darrera part, el mètode de la Semiosi arquitectònica (2.3), ens permetrà establir l'anàlisi com un procés que va esdevenint passant per tres etapes:

- El procés de Significació
- El procés de Comunicació
- El procés d'Identitat

El procés de Significació s'acompleix quan l'edifici satisfà tot una sèrie d'aspectes: bona adequació de l'edifici al seu voltant, si està integrat, si respon al clima de la zona on està construït i si s'ha d'analitzar aspectes estètics i fer-ne un valor, tant de l'interior com de l'exterior. S'ha d'estudiar que l'edifici tingui un significat i un contingut destacable.

El procés de Comunicació. Analitzarem els elements que intervenen en la comunicació de cada marca arquitectònica, qui és l'emissor, si és una empresa, un promotor, l'arquitecte que l'ha projectat o una institució. Qui és el receptor, si va destinat a tothom o si va destinat a un segment específic. I finalment quin és el missatge transmès, que és pretén amb l'edifici, quin és el significat final que es vol transmetre i amb quins suports o mitjans s'aconsegueix transmetre el missatge.

Dins del procés de comunicació també esmentarem quins objectes, referències i productes de merchandising simbolitzen l'arquitectura, imatges corporatives, logotips, pictogrames, etc. El que podríem anomenar marques de la marca. En aquest sentit, es generen pictogrames o icones simples que sintetitzen la marca i es visualitza de manera simple i reconeixible.

I **el procés d'Identitat,** després de la Significació i la Comunicació, s'assolirà si després de comunicar el significat cap als receptors, aquests s'identifiquen amb l'edifici i el fan seu. Això s'aconseguirà per mitjà d'alguna de les tres dimensions:

La dimensió objectiva analitzarà aspectes de semblança i si l'edifici canvia la seva concepció al llarg del temps. Amb la dimensió personal esbrinarem si un edifici pateix apropiació o vinculació amb els receptors o amb un grup determinat de receptors. I en darrer terme, si la dimensió social de l'edifici s'ha produït per demanda social o per que els arquitectes han disposat uns significats a transmetre de manera col·lectiva.

Una de les tres dimensions del procés d'Identitat ens porten a conceptes que tenen clares connotacions psicològiques, actituds d'acceptació o de rebuig cap a alguns edificis.

En tercer lloc, i sempre que sigui pertinent, inclourem unes **Altres dades,** com dades estadístiques, dades específiques en cada cas, que ajudaran a comprendre el ressò mediàtic que tenen les marques arquitectòniques.

En últim lloc, s'efectuarà una **Conclusió** dels apartats anteriors com a resum de les anàlisis realitzades.

6.1. Fitxa d'anàlisi de marques arquitectòniques

Segons els comentaris de l'apartat anterior, la fitxa resultant dels aspectes que es volen analitzar serà la següent, amb els comentaris pertinents en cada cas, la qual cosa pot esdevenir que algun dels aspectes sigui imprescindible i del tot definitori en una marca arquitectònica i a la vegada, sigui un aspecte irrellevant en una altra. No es pretén mostrar rigidesa en les anàlisis, ja que hi ha alguns aspectes que poden ser subjectius. S'intenta tractar els temes amb coherència i elucidat.

6.1.1. Dades històriques i geogràfiques

- Data d'execució
- Arquitecte
- Ciutat o zona geogràfica

6.1.2. Dades conceptuals, tècniques i funcionals

- Tendència arquitectònica
- Tipus d'arquitectura
- Elements constructius
- Materials Constructius
- Relació interior-exterior
- Motiu de construcció
- Funció original de l'edifici
- Funció actual de l'edifici
- Funcions secundàries
- Principals rehabilitacions

- Estat actual de conservació
- Altres dades tècniques i funcionals

6.1.3. Dades perceptuals

- Equivalència amb la tendència
- Textura: (rugoses, llises...),
- Forma: (plana, verticalitat, formes corbes...),
- Simetria: (o la asimetria si és el cas.. i com es dona),
- Estructura: (fonamentals de l'edifici i elements),
- Mòdul: (si l'edifici està regit per un mòdul que es va repetint o no),
- Contrastos simultanis: (si es produeixen contrastos com alt i baix, ample i estret, i d'altres en elements, parts o en la totalitat de l'edifici),
- Color: (quins colors defineixen l'edifici), i
- Moviment: (si l'edifici te connotacions estables o si té alguna part que varia o es mou)
- Altres dades perceptuals a comentar

6.1.4. Anàlisi dels Processos : Significació, Comunicació i Identitat. Procés de Significació

- Ús i funció: (si l'ús pel qual està preparat és la mateixa funció que desenvolupa)
- Resposta al clima: (si és un edifici amb característiques tècniques i estètiques adequades pel clima de la zona)
- Adequació al context: (si està integrat en la zona del seu voltant)
- Assignació de pertinència: (si està considerat que està integrat o pertany a un barri, ...)
- Gratificació estètica: (si és agradable, bonic, elegant,...)
- Valoració efectiva, fora de l'edifici: (adjectiu per valorar-lo de fora...)
- Valoració efectiva, dins de l'edifici: (adjectiu per valorar-lo de dins...)
- Altres dades (si s'escau)

I amb aquestes anàlisis esbrinarem si es produeix la significació, si l'edifici té un contingut a comunicar.

6.1.5. Procés de Comunicació. Dades comunicatives

- Emissor: (qui és, un arquitecte, un promotor, una institució, una empresa...)
- Receptor: (qui és, a qui va dirigit...)
- Missatge- informació: (quina és la informació que comunica l'edifici...)
- Missatge- suport: (amb quins elements o suports es comunica...)
- Comunicació- coincidència: (si el que pensa l'emissor i el receptor és el mateix, sobre l'edifici...)
- Comunicació social concreta: (si comunica a un determinat grup social...)
- Comunicació social massiva: (si comunica el mateix a tothom...)
- Relació conceptual abstracta: (si es produeix una relació poc normal amb els receptors degut a un significat abstracte, confós, repressiu...)
- Existència o no d'imatges corporatives, sintètiques, pictogrames que comuniquen la marca, és a dir, marques de la marca arquitectònica.
- Altres dades (si s'escau)

6.1.6. Procés d'Identitat

- Dimensió objectiva – Semblança: (si és semblant a algun altre edifici, producte, objecte,...)
- Dimensió objectiva – Regular en el temps: (si el que es pensa d'ell és molt homogeni al llarg del temps...)
- Dimensió personal- Apropiació: (si els receptors consideren l'edifici com a propi, d'una forma generalitzada...)
- Dimensió personal- Vinculació: (o associació amb un determinat grup...)
- Dimensió social- Fruit demanda social: (si l'edifici és fruit d'una creixent demanda social d'aquest tipus d'edificis...)
- Dimensió social- Transmissió autors: (si es produeix la disposició dels autors per transmetre significats col·lectius)
- Altres dades

Amb això, estudiarem si s'arriba al procés d'identitat d'una possible marca arquitectònica, si després de comunicar el seu contingut i significat, els receptors arriben a la identitat amb l'edifici, a apropiar-se d'ell o a sentir-se'l molt pròxim per alguna raó.

6.1.7. Altres dades

Algunes dades estadístiques, que en algun cas poden ser el nombre de visitants durant els darrers anys, en altres, la difusió en mitjans de comunicació, o el nombre de publicacions, etc. En cada cas, les dades poden ser diferents per la diversa funcionalitat de les marques.

6.1.8. Conclusió

Breu conclusió de les anàlisis sobre la marca dels apartats anteriors que seran determinants per a les conclusions generals de la tesi i la temàtica plantejada.

6.2. Marca Museu Guggenheim de Bilbao

6.2.1. Dades històriques i geogràfiques

El museu Guggenheim de Bilbao va ser projectat per l'arquitecte Frank O. Gerhy i es va construir entre els anys 1993 i 1997 en el centre de la ciutat, al costat del riu Nervión i en l'antic emplaçament de les drassanes Euskalduna. Ocupa una parcel·la de 32.500m². L'entrada principal es troba en front del carrer Iparraguir-

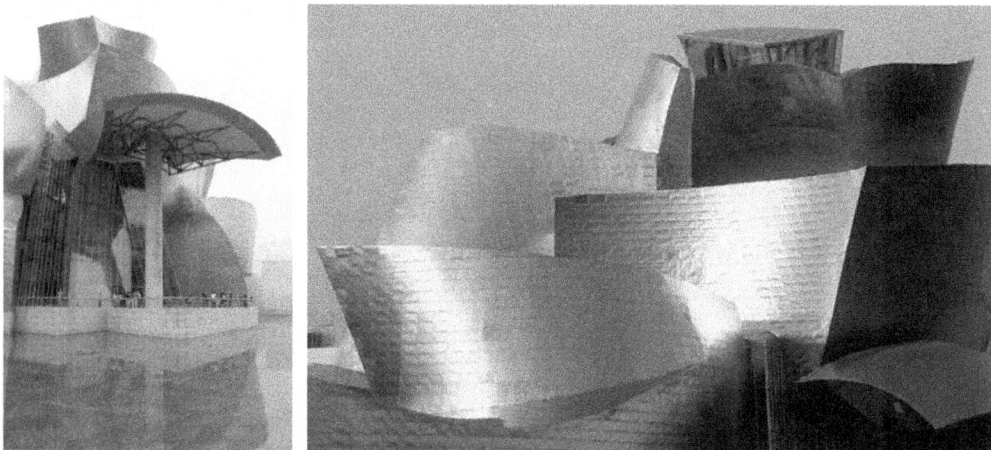

Imatge 10. Museu Guggenheim de Bilbao (www.pictures.carishina.net i fons propi).

re, un dels carrers principals de Bilbao i que creua la ciutat diagonalment, com si el museu estes connectat amb ella.

La història del Museu comença quan la Solomon R. Guggenheim Foundation de Nova York es planteja, al 1991, el projecte d'ubicar una seu europea del Museu Guggenheim, contemplant la possibilitat de diferents ciutats on construir-lo.

En aquells moments, les administracions basques van començar un pla d'actuacions per contribuir en l'economia autonòmica. El pla glossava com a element fonamental, la reorganització de la ciutat de Bilbao, amb diferents intervencions. Tanmateix, la idea de rellançar la ciutat de Bilbao amb un museu de la categoria d'un Guggenheim agradà de seguida a les autoritats.

En el conveni de col·laboració entre ambdós, les administracions basques es comprometen a aportar autoritat política i cultural, així com el finançament per la construcció i posterior funcionament del museu. Per la seva banda, la Solomon R. Guggenheim Foundation es comprometia a aportar les seves col·leccions, programes d'exposicions, així com la seva experiència en aspectes administratius i en gestió de museus.

Thomas Krens, director de la Fundació Guggenheim, explana els objectius en la construcció d'un museu de les característiques del Guggenheim de Bilbao:

> *"La Fundació Guggenheim considera que el museu tradicional, "enciclopèdic", ha passat a la història: les expectatives dels visitants, molt més mòbils que en el passat, son diferents i el recolzament públic als museus està destinat a declinar. El museu de Bilbao serà, així doncs, un prototip del nou museu: especialitzat, integrat en una ret i amb una col·lecció compartida"* (Krens, 1999).

Amb aquestes paraules exposava Krens, l'objectiu de la fundació museística envers el projecte.

6.2.2. Dades conceptuals, tècniques i funcionals

L'arquitectura de Frank Gehry ha estat definida de moltes maneres: arquitectura de volums, arquitectura escultòrica, etc. i aquest museu encaixa en qualsevol de les definicions. És una arquitectura de volums interconnectats on sobresurten volums corbats fets de plaques metàl·liques de titani i altres volums de forma ortogonal de pedra calcària. Gerhy justifica l'embolcall metàl·lic del museu relacionant-ho amb una ciutat molt industrial. A més, els murs de vidre impregnen una sensació de transparència a tot el conjunt.

La funció principal de l'edifici és la d'albergar un museu o centre d'art contemporani amb exposicions permanents i temporals, acompanyades de serveis com cafeteria, botiga, biblioteca, arxius, etc.

Abans d'entrar, el visitant es troba l'escultura floral de Jeff Koons, anomenada "Puppy", contrastant el verd natural amb el metall de l'edifici.

S'entra a l'interior, al vestíbul per una àmplia escala descendent, baixant del nivell de la ciutat al nivell del riu i així s'aconsegueix que amb l'altura total del museu,

Imatge 11. Museu des del carrer Iparraguirre (www.guggenheim-bilbao.es) i escultura floral "Puppy" (www.pictures.carishina.net).

50 metres, aquesta altura no sobrepassi a les de les construccions del seu voltant. Ja en l'interior, es passa del vestíbul a l'atri que presenta en el seu sostre una lluminària zenital en forma de flor metàl·lica del que surt un raig de llum donant calidesa a l'espai.

Des de l'atri es pot accedir a la terrassa per contemplar l'espai exterior i l'arquitectura de l'edifici i les vistes sobre el riu Nervión. La terrassa està coberta per una marquesina, construïda recolzant-se amb un sol pilar.

En l'edifici trobem tres nivells o plantes amb les sales per exposicions. Estan organitzats al voltant de l'atri central i es van connectant per tres tipus de connexions: primer, per una sèrie de passarel·les corbes, que van pujant al voltant de les parets interiors, formen un seguit de nervis en guix que es coronen en l'atri, suggerint un dibuix de Willem de Kooning; segon, per uns ascensors d'estructura feta amb panells de vidre, el quals s'assemblen a les escames d'un peix que està en moviment; i finalment, per unes torres d'escales.

En quan a les sales d'exposicions, hem de dir que hi han 11.000 m² d'espai destinat a aquesta funció, distribuïts en 19 galeries, de les quals 10 tenen forma ortogonal i en canvi les 9 restants presenten una irregularitat de formes, coincidint amb les plaques de titani de l'exterior.

6.2.3. Dades perceptuals

És una arquitectura abstracta que s'ha definit com l'arquitectura al servei de l'art.

Destaquen les formes volumètriques i corbes. Des d'un punt de vista estructural, és com una escultura gegant, ja que per les seves dimensions, esdevé monumental.

El museu Guggenheim té una relació particular amb el seu context perquè contrasta i destaca, però a la vegada és un edifici integrat en un enclavament privilegiat, a la vora del riu Nervión. A l'exterior de l'edifici, les plaques metàl·liques fan que canvïi segons el moment del dia i la incidència de la llum, la qual cosa li dóna un cert dinamisme i una sensació de moviment, com si fos una estructura viva.

Des d'un punt de vista perceptual el museu Guggenheim combina les seves formes, la riquesa de materials i les diferents solucions constructives.

6.2.4. Anàlisi dels Processos. Procés de Significació

L'ús i la funció principal és ser un museu i una marca arquitectònica. Si s'hagués de parlar d'adequació al context, reiterem l'afirmació efectuada en les *Dades Perceptuals* de què tot i destacar en el seu entorn, alhora està completament integrat, per l'orientació, l'emplaçament, les altures utilitzades i els materials que juguen amb l'aigua del riu.

Es podria parlar d'Assignació de pertinència, ja que es convertí en poc temps en el museu principal de Bilbao i el País Basc, així com el segon museu més visitat d'Espanya, després del Museu del Prado de Madrid.

És un museu que rep una bona valoració efectiva, tant interior com exterior; de dins és valorat positivament per les seves amples sales, tant per col·leccions permanents com per exposicions temporals. De fora, és valorat positivament per la seva arquitectura escultòrica.

6.2.5. Procés de Comunicació

Els emissors del missatge del museu Guggenheim són tant l'arquitecte Frank O. Gerhy per haver-lo projectat i ideat com les institucions basques per construir un edifici emblemàtic per la ciutat de Bilbao.

Els receptors serien totes les persones que l'admiren per dins i per fora, visitants, habitants, conductors, vianants, etc. La marca arquitectònica de la ciutat és el missatge, amb l'estructura de museu i les col·leccions a visitar. El missatge és la marca arquitectònica, entès pels receptors, amb una comunicació social massiva, arriba a tothom, interessa a tothom.

Ha crescut la idea que un museu és un espai comunicador d'idees i un reclam d'aquestes. Fernández-Galiano defensa el museu com a comunicador d'espectacle afirmant:

> *"Els museus s'apropen més a l'espectacle i a les activitats comercials. S'ha passat d'una concepció de museu com a "caixa sagrada" a alguna cosa més semblant a un cinema o a un teatre. Ningú dirigeix avui un museu sense pensar en la programació"* (Fernández-Galiano, 1998: pàgina 71).

El missatge va més enllà que el debat museístic i de les temàtiques de les exposicions programades. L'arquitectura de Frank Gerhy, tot i suscitar reaccions abstractes i oposades per la seva forma i els seus materials, el concepte total és concret, la qual cosa fa que el museu sigui molt acceptat.

Un altre aspecte a destacar en una marca és la difusió de la mateixa en diferents imatges amb les quals es reconeix de quina arquitectura s'està parlant. Solen ser imatges simples amb pocs elements que sintetizen el millor de la marca arquitectònica.

En el cas del museu Guggenheim hem trobat les següents imatges que funcionen com a logotips o marques de la marca arquitectònica. La Imatge 12(a) es un síntesi de les plaques de titani i la Imatge 12(b) dibuixa el contorn del museu amb traços simples, imitant la forma arquitectònica.

a)

b)

Imatge 12. Logotip (a) i imatge de marca del museu Guggenheim (b) (www.guggenheim-bilbao.es).

6.2.6. Anàlisi del procés d'Identitat

El museu Guggenheim no s'assembla a cap edifici típicament basc, mostra semblances amb altres projectes de Gerhy, i en porta el segell de l'arquitecte. En quan a la dimensió objectiva, el valor de marca arquitectònica es manté regular en el temps, essent valorat com a tal, com a museu, com arquitectura i com a marca.

La dimensió social ve donada per la demanda d'una marca arquitectònica per atreure visitants a la ciutat de Bilbao, mancada fins fa poc, d'atractiu turístic. A més, des dels seus inicis la marca ha estat transmesa favorablement amb connotacions positives i amb un bon enfocament dels mitjans de comunicació i de les estratègies necessàries per difondre la marca.

6.2.7. Altres dades: Dades estadístiques

El museu publica cada any una sèrie de publicacions, entre 8- 10 que es poden comprar en la tenda del museu, es poden consultar a la pàgina web i es poden adquirir per internet. A més, fan insercions publicitàries en diaris i revistes especialitzades, campanyes de màrqueting per exposicions concretes, etc. Talment és molt important l'impacte produït per les notícies que surten en els mitjans de comunicació, relacionats directament o indirectament amb el museu.

6.2.8. Conclusió

Abans de la construcció del museu Guggenheim, Bilbao era una ciutat clarament industrial, que des d'un punt de vista arquitectònic, només destacava el seu casc antic amb els carrerons i tasques típiques basques. Bilbao estava eclipsada per les altres capitals de província basques, Vitòria i San Sebastián.

Quan Bilbao pensa en un museu que pugui esdevenir la marca arquitectònica de la ciutat, pensa en un arquitecte de renom internacional per dur-lo a terme: Frank Gerhy. El prestigi internacional de Gerhy ja és una marca en sí que ajudarà a la projecció de l'edifici. Les innovadores construccions de Gerhy, al límit entre l'arquitectura, l'escultura i el disseny espacial, converteixen els seus edificis en emblemàtics per les seves peculiars formes.

En l'anàlisi es pot observar com el "Guggenheim" és un museu integrat en el seu entorn. És una marca visitada tant per bilbaïns com turistes, admirat per dins (per les obres exposades) i per fora (per la pròpia arquitectura). L'edifici i les formes arquitectòniques han superat la funcionalitat i les exposicions que s'exposen dins. L'interès museístic és superat per l'arquitectura.

El projecte Guggenheim evolucionà de negatiu a constructiu. En els inicis, gran part de la població basca denunciaven l'alt cost del museu i la construcció d'un museu en les antigues drassanes d'Euskalduna, lloc reivindicatiu i polèmic a conseqüència del seu tancament. Jesús Pedro Lorente analitzà l'oposició al projecte per part dels artistes bascos:

> *"Els artistes bascos temien que l'elevat cost del projecte repercutiria en la concessió dels demés crèdits artístics. Criticaven igualment la constitució de la col·lecció permanent i la programació d'exposicions temporals considerades excessivament "americanes". Uns anys més tard, cert nombre d'oposicions sembla haver remès i la premsa posa de relleu l'orgull, bastant generalitzat de la població"* (Lorente, 2000).

A l'aparició de museus en ciutats com a marques arquitectòniques és un fenomen que s'anomena "l'efecte Bilbao" com una aposta per la revitalització d'una ciutat i Bilbao n'ha estat capdavantera.

6.3. Marca Biblioteca Central de Seattle

6.3.1. Dades històriques i geogràfiques

La Biblioteca Central de Seattle, ciutat situada a l'estat de Washington, a l'oest dels Estats Units, va ser projectada per l'estudi d'arquitectura OMA, Office for Metropolitan Architecture, encapçalada per l'arquitecte holandès més mediàtic: Rem Koolhaas i sis socis més, entre els quals trobem a Ole Scheeren, Ellen van Loon i Joshua Prince-Ramus. Per aquest projecte arquitectònic comptaren també amb la col·laboració de l'estudi LMN Architects, com a exemple dels actuals i freqüents treballs integrats entre despatxos d'arquitectes d'un cert prestigi internacional.

Inaugurada el 2003, està situada en un important espai al centre de la ciutat de Seattle, i ja des dels inicis fou concebut com un edifici capaç, no solament de

Imatge 13. Biblioteca Central de Seattle. Façana principal i Entrada Hall
(www.greatbuildings.com).

donar resposta a les funcions de biblioteca pública sinó també de ser un punt neuràlgic de la ciutat, així com un punt de referència dinàmic i social.

Com ha declarat Rem Koolhaas, entrevistat per Ana G. Cañizares, sobre les intencions del projecte i el nou concepte de biblioteques, contextualitzades en el llindar del segle XXI:

> *"A menys que el concepte de biblioteca no es transformi completament amb la finalitat de coordinar de manera decidida el que la tecnologia posa a la nostra disposició per recopilar, concentrar, distribuir, llegir i manipular la informació, la indiscutible lleialtat de les biblioteques cap als llibres veurà malmesa la seva credibilitat"* (García-Cañizares, 2005: pàgina 142).

Amb aquestes paraules Koolhhas afirma la necessitat de redefinir el concepte d'un espai com a biblioteca per donar-li un caràcter multidisciplinar i adaptat a les noves tecnologies de la informació, i a la vegada respondre a les noves inter-relacions humanes. La biblioteca havia de ser primer de tot, un lloc on la informació havia d'estar emmagatzemada en diferents suports: llibres, revistes, CD's, videos, plànols, ... I en segon lloc, la biblioteca havia de ser un espai de consulta, de trobada, de lectura...

En la mateixa conversa, Koolhaas continua afirmant:

> *"En una època en que és possible accedir a la informació des de qualsevol lloc, és la simul-taneïtat de tots els mitjans i la professionalitat de la seva presentació, el que converteix la biblioteca en quelcom nou i diferent i permet que d'espai de lectura passi i es transformi en un espai d'interacció social"* (García-Cañizares, 2005: pàgina 142).

Així doncs, queda palès la importància social i personal d'un espai cultural o educatiu. Aspectes com la comoditat i l'accessibilitat són cada vegada més importants en els espais públics, i com a tal, les biblioteques no en son una excepció.

6.3.2. Dades conceptuals, tècniques i funcionals

La Biblioteca de Seattle és un edifici de onze plantes, fet en vidre i acer. Destaquen les seves formes anguloses, amb angles pronunciats en la façana, desmarcant-se de les línies ortogonals de les clàssiques biblioteques.

Se'l defineix com un espai multidisciplinar que compren a més de col·leccions de llibres, arxius, sales de lectura, sales de consulta, guarderia per nens, mediateques, sala de premsa, sales de conferències, sales de reunions, terrasses, bar- restaurant, etc. Els espais intenten ser integradors i molt versàtils. Cada planta està formada per espais de volums considerables i les plantes es van enllaçant per passadissos que les connecten, on hi ha punts d'informació per a l'usuari. Són taulells llargs amb un gran nombre de treballadors i bibliotecaris amb la finalitat d'evitar aglomeracions i donar un servei en assessorament i recerca d'informació.

Un dels punts més remarcables és la situació de les col·leccions de llibres, xifrats en uns 780.000 exemplars. Distribuïts en cinc plantes centrals, les estanteries son continues en una forma d'espiral seguida al llarg del perímetre de les plantes. Les actuals 6.233 estanteries estan preparades per qualsevol ampliació i podrien arribar a contenir, si es donés el cas, uns 1.450.000 llibres en el futur.

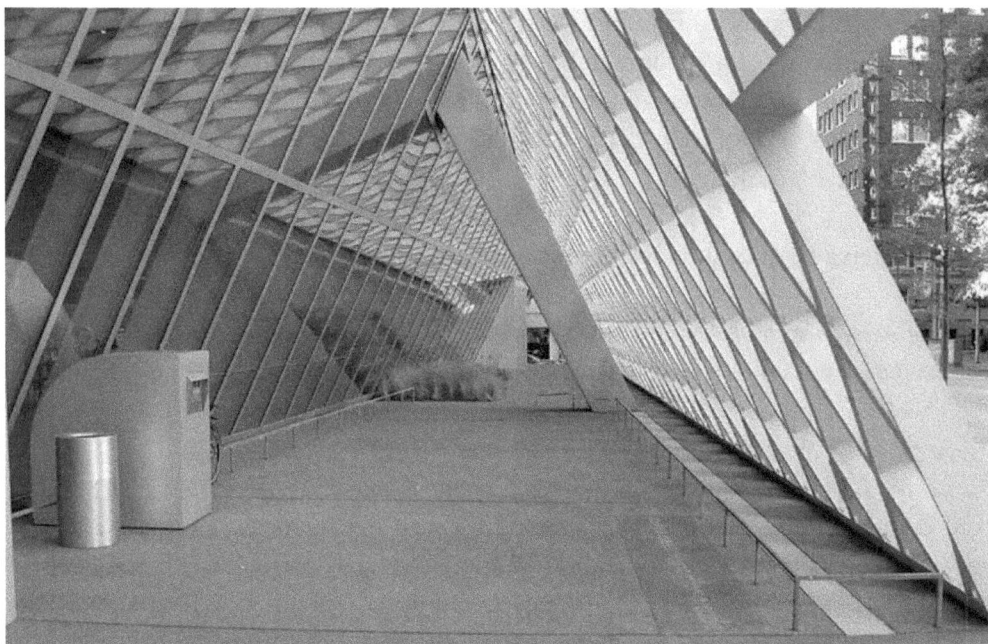

Imatge 14. Biblioteca Central de Seattle. Detall de l'estructura (www.greatbuildings.com).

Imatge 15. Recepció de la Biblioteca Central de Seattle (www.greatbuildings.com).

Les diferents àrees són independents per la seva funció però a la vegada estan connectades amb les altres. Hi ha zones projectades per funcions molt específiques com les sales de conferències o l'espai pels nens, així com les terrasses i la zona del bar. En les àrees els canvis de materials determinen el pas d'una zona a una altra, com la utilització del metall, el vidre i algunes resines.

Els espais comunicatius o de circulació estan representats amb colors molt definits, essent les escales manuals de color vermell i les escales mecàniques de color groc.

6.3.3. Dades perceptuals

Des d'un punt de vista perceptual, hem de destacar alguns aspectes que defineixen la Biblioteca de Seattle. En primer lloc, la seva forma exterior composta d'angles, amb les diferents inclinacions que es van conformant i que li donen un cert dinamisme, trencant amb l'ortogonalitat dels edificis del voltant. En segon lloc, cal remarcar l'estructura i textures de l'edifici, en forma de quadrats i rombes, segons el punt de vista en perspectiva que es miri, ressaltats pel material en el que estan construïts: el vidre, donant transparència i joc de colors al reflectir-se la llum solar. Des de l'interior, la sensació de transparència queda també palesa mitjançant els grans finestrals que connecten a l'exterior.

Cal destacar també els espais interiors amplis, amb les diferents sales i zones comunicades, preparats per albergar una quantitat considerable de gent, sense perdre la calma i la tranquil·litat d'un espai com una biblioteca i a la vegada, esdevenir un espai viu i permanentment ocupat.

Finalment esmentar el contrast dels colors presents en les zones de pas: el groc per les escales mecàniques i el vermell intens per les escales manuals i els ascensors. En les zones de circulació s'ha optat pel color per donar calidesa i una decoració agosarada.

6.3.4. Anàlisi dels Processos. Procés de Significació

La funció i el servei públic d'un espai com una biblioteca és fonamental per entendre el procés de significació. La funció determina l'arquitectura en aquest cas. Sovint un espai públic que ofereix un servei social està per damunt de la seva arquitectura. En aquest cas, l'arquitectura aconsegueix protagonisme, tot i la important funcionalitat de l'edifici.

El clima fred de l'estat nord-americà de Washington contrasta amb el dinamisme de l'edifici i la calidesa interior dels seus espais. Els espais estan preparats per desconnectar al lector de l'exterior i endinsar-lo en tasques culturals, no solament des d'un punt de vista físic sinó també des d'un punt de vista més sensitiu i atmosfèric.

La biblioteca està situada en el centre de la ciutat, en un espai prou remarcable i ben comunicat. En general, les valoracions que obté tant dels interiors com de l'arquitectura són del tot favorables, ja que s'ha aconseguit oferir un espai públic amb una funció i prestacions determinants i alhora plasmar-ho en una arquitectura estèticament gratificant i innovadora.

Imatge 16. Biblioteca Central de Seattle. Espai verd (www.greatbuildings.com).

6.3.5. Procés de Comunicació

Els emissors del missatge de la Biblioteca Central de Seattle són principalment els arquitectes de l'estudi OMA, amb la figura de Rem Koolhaas al capdavant que, davant l'encàrrec de les administracions locals, han projectat un edifici que esdevingui la icona arquitectònica de la ciutat.

Els receptors serien totes les persones que l'admiren per fora, quan caminen o es traslladen pel voltant, però sobretot va adreçat a un públic molt heterogeni que pot utilitzar l'espai de la biblioteca de maneres diverses, amb edats, interessos i actes variats.

El missatge en si és el d'una biblioteca amb un servei públic, cultural i amb connotacions educatives. I el format del missatge és l'arquitectura al servei de la funció. L'arquitectura actua com el mitjà pel qual es transmet el missatge comunicatiu i per tant, aquesta ha de ser polivalent per albergar les diverses funcions i relacions humanes.

Per la seva variada funcionalitat, però sobretot per la seva arquitectura, la Biblioteca de Seattle s'està convertint en la marca arquitectònica de la ciutat. Així doncs, podríem parlar de comunicació social massiva, arriba a un públic molt variat, heterogeni i amb multitud d'interessos i maneres d'actuar.

L'estudi d'arquitectes OMA, liderat per Rem Koolhaas, considerat un dels arquitectes més mediàtics, aconsegueix projectar una arquitectura comunicativa i plena de missatges. Les intervencions de Koolhaas en els mitjans de comunicació, tant en forma d'entrevistes com en articles com en diverses publicacions que porten el seu segell, ajuden a comunicar la seva arquitectura. Una de les seves publicacions, *"Content"*, és un llibre- revista recull de les seves experiències i critiques en arquitectura, on la publicitat i les inclusions mediàtiques tenen un paper determinant. Rem Koolhaas és un dels arquitectes que més ha explorat les possibilitats de promoció i reconeixement dels mitjans de comunicació, en especial amb l'edició de publicacions de crítica arquitectònica amb plantejaments de màrqueting i publicitat notables.

En la mateixa línia mediàtica, trobem les representacions gràfiques o esquemàtiques dels seus edificis més emblemàtics, dibuixats pel dissenyador Kenneth Tin Tin Hung, versionant uns edificis animats amb braços, cames i ulls, que són un

*Imatge 17. Representacions gràfiques animades dels edificis d'OMA. Llibre-revista Content
(Koolhaas & Prince-Ramus, 2005: pàgina 544).*

exemple de la relació entre l'arquitectura i la comunicació, així com de la fàcil
esquematització de marques arquitectòniques.

Qualsevol projecte arquitectònic de l'equip de Koolhaas va acompanyat d'un
desplegament mediàtic sense precedents, la qual cosa assegura el coneixement del
mateix i sobretot que se'n parli fins i tot abans de la seva construcció.

6.3.6. Procés d'Identitat

L'anàlisi del procés d'identitat suposa un treball compromès per ser un edifici
relativament nou, tot i que se'n poden treure algunes conclusions. Al llarg del

temps es valorarà la regularitat efectiva tant de l'arquitectura com de la seva funció però amb el període de temps d'existència, la biblioteca ha tingut un nombre de visitants que supera les previsions més optimistes. Caldrà comprovar si aquesta curiositat inicial per conèixer un edifici públic es transforma en fidelitat d'usuaris del ventall de serveis que ofereix. L'apropiació dels espais com a referència social és satisfactòria, amb l'esperança que un públic interessat en la cultura i en la seva formació es vinculi regularment amb la Biblioteca.

Una biblioteca de les característiques de la de Seattle és fruit de la demanda social i arquitectònica d'espais públics que siguin versàtils, multidisciplinars i oberts a una societat que canvia i demana adaptar-se a les seves necessitats.

6.3.7. Conclusió

L'ambiciós projecte d'una biblioteca pública en un espai privilegiat de la ciutat redefineix les funcions d'un espai públic d'aquestes característiques. L'estudi d'arquitectura OMA és l'autor d'aquest projecte que ha posat la ciutat de Seattle en primer ordre de l'arquitectura mundial.

Les biblioteques del segle XXI ja no són espai hermètics on la gent es tanca a la recerca de llibres sinó que les necessitats actuals transformen aquests espais en polivalents i adaptables a moltes funcions. La informació està emmagatzemada en diversos formats i els espais per utilitzar aquests formats depenen de la voluntat i la manera d'actuar de cada persona. Sales de reunions, de lectura, mediateques o terrasses conviuen en un espai integrat. Per a la construcció del projecte, analitzen prèviament les biblioteques actuals, arribant a la següent conclusió:

> *"El problema de les llibreries tradicionals és que es basen en varies plantes i per seccions. Cada departament o col·lecció es concentra en una planta. Cada planta és concreta i prudent i davant la manca de predicció de creixement, es produeixen contradiccions en el desenvolupament d'algunes seccions, la qual cosa milloraria si tot estigués ubicat en la mateixa planta"* (Koolhaas & Prince-Ramus, 2005: pàgina 143).

És per aquest motiu que les col·leccions de llibres i altres documents estan col·locats en cinc plantes i en unes estanteries continues en forma d'espiral i rampa, seguint el perímetre de l'edifici. A més, s'ha previst les futures ampliacions en aquest sentit.

S'aconsegueix que un edifici avantguardista i amb condicions de marca arquitectònica alberqui un projecte públic d'aquestes característiques. L'arquitectura està al servei de la funció, però és imprescindible per donar-li el caràcter de punt de referència dinàmic i social. Koolhaas sempre ha defensat l'arquitectura de la Modernitat com:

"Un esforç sincer en la intenció de produir noves relacions semàntiques entre l'objecte i el subjecte, refusant les acusacions que sigui un moviment sense vida, buit o purità" (Koolhaas, 1990: pàgina 61).

L'edifici és fruit de la demanda social d'espais públics multifuncionals destinats a una societat que canvia i dins la qual trobem un públic que valora les relacions humanes i els valors culturals. El prestigi d'un arquitecte mediàtic com Rem Koolhaas reforça la consecució de marca arquitectònica difosa pels mitjans de comunicació.

6.4. Marca Ciudad de las Ciencias de València

6.4.1. Dades històriques i geogràfiques

La Ciutat de les Ciències i les Arts de València és un projecte de l'arquitecte i enginyer valencià Santiago Calatrava i dut a terme entre els anys 1996 i 2004. L'arquitecte s'engrescà ja des dels inicis en el projecte que havia de suposar una marca arquitectònica per la seva ciutat. Està situat en el parc del Túria, a la zona sud-est de la ciutat, compost per cinc edificis o parts. Una breu descripció dels edificis és la següent:

- **El Museu de les Ciències Príncep Felip** és un modern museu de la ciència, didàctic i pedagògic on els visitants poden participar, tocar,.. essent un model de museu interactiu.

- **L'Hemisfèric** és un edifici que alberga una sala de cinema Imax.

- **L'Umbracle** és una estructura arquitectònica a l'aire lliure amb la funció d'un hivernacle, albergant diferents plantes autòctones de la zona de Llevant.

- **El Palau de les Arts** alberga representacions escèniques com musicals, teatrals i artístiques.

Imatge 18. Conjunt de la Ciutat de les Arts amb l'Umbracle al davant (www.cac.es).

• **L'Oceanogràfic** és l'aquari marí més gran d'Europa, tant per les seves dimensions com per la quantitat de flora i fauna marina present.

6.4.2. Dades conceptuals, tècniques i funcionals

És un complex de quatre edificis més una estructura arquitectònica. La Ciutat de les Arts conté un museu, una sala de cinema Imax, un palau per actuacions musicals, un hivernacle descobert i un aquari. Tot i formar un conjunt arquitectònic amb una tendència molt avantguardista, d'estil orgànic, naturalista... cada edifici té personalitat pròpia i el segell de l'arquitecte, Santiago Calatrava.

El Museu de les Ciències és un edifici de 41.000 m², amb 250 metres de llarg i 54 metres d'alçada, distribuïts en cinc plantes. El museu presenta una estructura que sembla un cos d'ossos, prima i allargada, senzilla i sòbria a la vegada. Les dues façanes de l'edifici són diferents, la façana nord és una façana vidrada i transparent, mentre que la façana sud és opaca, fet expressament per aprofitar les condicions del sol. Una doble sèrie de suports sostenen l'estructura i la

Imatge 19. Museu de les Ciències Príncep Felip. Ciutat de les Arts de València (fons propi).

coberta, plegada en zig-zag al llarg de tota la longitud del museu. L'estructura interna del Museu de les Ciències ens mostra un joc de nivells suspesos per un sistema estructural, construït per cinc arbres de formigó, les ramificacions de les quals subjecten la coberta de l'edifici. S'aconsegueix una bona relació exterior- interior en tots els edificis degut a la utilització del vidre que dóna molta transparència i deixa veure les altres construccions del conjunt i el llac que es troba en el centre.

L'Hemisfèric és un edifici que simbolitza un gran ull humà que obrint-se davant el llac d'aigua que té al voltant, de 24.000 m². És un edifici per projectar pel·lícules en sistemes Imax.

Tornant a l'estructura de l'edifici, la pupil·la és el domo semiesfèric de la sala de projeccions. Quan l'ull es reflexa en el llac es pot veure visualment una esfera completa. Les parpelles estan expressades per boveres tòriques i les pestanyes són plaques vidrades que es pleguen i giren, mitjançant uns gats hidràulics, en una combinació de formigó, acer i cristall.

Imatge 20. L'Hemisfèric. Ciutat de les Arts de València (fons propi).

L'Hemisfèric és l'edifici del conjunt amb la forma més natural i semblant a una part del cos humà i amb les connotacions de moviment de les pestanyes es pot definir com un edifici orgànic.

L'Umbracle és un passeig o jardí. És un espai obert, un espai per la natura, ple de plantes i arbres autòctons. L'estructura de l'Umbracle està formada per una sèrie d'arcs parabòlics ben alts que donen sobrietat i elegància al passeig.. Sota l'umbracle es troba l'aparcament, compost per dues plantes amb capacitat per 750 cotxes i 20 autocars.

L'Oceanogràfic és un edifici peculiar que presenta un gran aquari marí. Hi col·laborà l'arquitecte Fèlix Candela, coneixedor d'aquest tipus de particulars construccions. Està format per 11 torres submarines situades al voltant d'un llac central. Les torres tenen dos nivells: el nivell superior de les torres estan comunicades per passarel·les flotants i camins amb jardí al voltant. En les parts més baixes, les torres estan comunicades per rampes i passadissos. També a la part central de les torres trobem ascensors i escales que connecten els dos nivells. Un dels espai més característics de l'Oceanogràfic és el restaurant submarí. El restaurant té forma octogonal i la coberta de formigó té vuit lòbuls (amb forma d'hipèrbola) que la fan una estructura senzilla i elegant a la vegada. Tot plegat en una forma orgànica que duu el segell de Calatrava.

El Palau de les Arts és el darrer edifici construït, per albergar actuacions musicals i teatrals. La seva forma exterior ovalada li dona un caràcter innovador en aquest tipus d'edificis culturals. Ocupa 40.000m² i té 75 m d'alçada. Fou el darrer en construir-se i inaugurat el 9 d'octubre de 2005. El motiu de construcció i la funció principal és la d'ésser un complex cultural i una marca arquitectònica per a la ciutat. Per això, és utilitzat per a molts esdeveniments i actes variats com conferències, concerts i actes de tot tipus per la polivalència dels diferents espais. Destaquen els seus tres auditoris per a diverses actuacions musicals i teatrals.

6.4.3. Dades perceptuals

El conjunt es defineix com a arquitectura orgànica, inspirada en formes animals i vives. Tots els edificis tenen alguna inspiració viva. En quan a les formes destaquen les formes corbes, basades en arcs en tots els edificis, alguns esfèrics, altres paràbolics, etc. Calatrava fuig de les formes rectes, racionals. Cerca el moviment en totes les formes que projecta.

Un altre aspectes més a destacar és el color, domina el blanc, els efectes transparents del vidre, i els reflexes a l'aigua, del parc central. Els colors son elements fonamentals del disseny. L'aigua actua com a element de transició entre les diferents estructures del complex en una voluntat d'enllaçar arquitectura i natura viva. D'aquesta manera l'aigua es converteix en un element més de la construcció.

Tot i ser un conjunt arrelat, els arcs dominants en les estructures, a més dels mecanismes que giren o es mouen com l'ull o Hemisfèric, i la vegetació de l'Umbracle donen una sensació aerodinàmica que connota vitalitat i moviment.

6.4.4. Anàlisi dels Processos. Procés de Significació

València es veu afavorida pel seu clima mediterrani, molt apte pel turisme durant tot l'any. Es produeix adequació al context amb aquest projecte ja que s'ha revaloritzat una zona oblidada de la perifèria de València.

Analitzant en profunditat el significat del museu trobaríem que la ciutat de les Arts és un exemple de conjunció de tres conceptes: el museu, la seva arquitectura i la seva representació, que l'autor José Manuel Falcón-Meraz apunta com a imprescindibles en els museus moderns:

"Existeix una relació important entre tres conceptes: el museu, la seva arquitectura i la seva representació, - la que inclou el discurs de l'autor, els seus esbossos, dibuixos de representació i maquetes.- Això porta a la conclusió que no hi ha museu sense arquitectura i no hi ha arquitectura sense representació. El que si és possible és trobar representació sense museu, com reflex de la imaginació de l'arquitecte, o més ben dit, del seu sentit de la forma, independentment de materialitzar l'arquitectura o no" (Falcón-Meraz, 2005).

En el context contemporani, tant important és que un museu estigui definit per una bona arquitectura com que aquesta arquitectura estigui definida per una bona representació. La relació dels tres factors junts augura una positiva acceptació de l'espai creat i la Ciutat de les Arts és el complex somniat per molts valencians i ja és un punt de referència social.

Imatge 21. Detall de l'estructura del Museu de les Ciències (www.cac.es).

En quan a gratificació estètica, el conjunt és harmònic i equilibrat de gran bellesa artística. Com s'ha comentat anteriorment, l'arquitectura orgànica dóna un conjunt on cada part destaca per les seves pròpies formes. Els espais amplis dominen i estan preparats per gran quantitat de públics. La relació exterior-interior és important i per tant els interiors es comuniquen fàcilment amb els exteriors. En l'interior dels edificis s'entreveu l'estructura exterior, de manera que el visitant no perd la seva ubicació en el conjunt gràcies als grans finestrals de vidre.

6.4.5. Procés de Comunicació

La Ciutat pertany a la Generalitat Valenciana i a l'Ajuntament de la ciutat, i tant aquests com l'arquitecte van aconseguir el seu propòsit de crear una marca arquitectònica per València. Els receptors d'aquesta marca són un segment molt gran de gent, tant els visitants del conjunt, turistes, etc. com els vianants i els que passen pel voltant i gaudeixen de l'arquitectura. Es podria definir com un complex arquitectònic construït tant per ser visitat com admirat per fora.

Imatge 22. Conjunt de la Ciutat de les Arts de València (fons propi).

Imatge 23. Dues imatges corporatives de la Ciutat de les Arts de València (www.cac.es).

El missatge a comunicar és oferir un complex cultural amb connotacions turísti-ques i lúdiques. El missatge és la marca arquitectònica. L'arquitectura és el gran suport del missatge del complex cultural, una arquitectura amb formes més prò-pies de l'escultura, destacant enfront les construccions del voltant. Les formes orgàniques dels edificis són molt valorades pels experts i crítics en arquitectura així com per les solucions tècniques i altament tecnològiques.

Per difondre la marca arquitectònica s'han creat imatges corporatives que ajudin al seu reconeixement. La imatge 23(a) és la marca de tot el complex, en un afany de representar un espai que pugui simbolitzar una ciutat, tot el complex. La imat-ge 23(b) és la marca d'un dels edificis representatius: el Palau de les Arts. Tots els edificis tenen la seva imatge corporativa per plasmar-la en diferents objectes i suports.

6.4.6. Procés d'Identitat

En l'anàlisi de si compleix una dimensió objectiva de semblança, val a dir que tot i tenir formes diverses hi ha estructures semblants en el conjunt i s'assemblen a altres projectes de Calatrava. La dimensió personal ve donada per l'apropiació de la marca pels habitants de la ciutat car ja és l'espai públic més visitat en el seu temps d'existència.

En quan a dimensió social, el complex és fruit de la creixent demanda social d'edificis emblemàtics com a reclam turístic per a una ciutat. A més, Santiago Calatrava ha intentat projectar un complex cultural perquè la gent s'hi pugui sentir identificada i el gaudeixi en diferents moments.

6.4.7. Conclusió

La Ciutat de les Ciències i les Arts de València és una marca arquitectònica que pretén tenir un contingut cultural i lúdic. És una petita ciutat dins d'una altra ciutat, amb cinc espais o edificis relacionats per una arquitectura orgànica i per la seva funció, que porten el segell de l'arquitecte que els ha projectat. Santiago Calatrava és l'arquitecte valencià contemporani més internacional, per tant la figura de l'arquitecte també ha influït en la marca. La Ciutat segueix la línia de museus de "l'efecte Guggenheim" i de la creació de museus com a marques arquitectòniques i culturals.

La imatge global connota avantguardisme, tecnologia i aposta de futur... València necessitava una marca per atreure a uns visitants que fins ara estaven més preocupats en trobar sol i platges. Amb la Ciutat de les Ciències vol demostrar que pot oferir quelcom més, una aposta per la qualitat arquitectònica i cultural. Per acabar l'anàlisi unes paraules del propi Santiago Calatrava definint la seva arquitectura i el seu pensament:

> *"Intento fer una obra coherent, inspirar-me en mestres com Wright o Saarinen però amb un vocabulari autònom, amb formes que tinguin qualitat i amb materials tan antics com el formigó i el ferro. Espanya te una gran tradició d'escoles i de constructors. Em recolzo menys en l'alta tecnologia i utilitzo les formes i els materials amb una certa audàcia i una investigació formal perquè tinguin l'aspecte d'obres mai vistes"* (Calatrava, 2001).

6.5. Marca Torre Eiffel de París

Tot i ser construïda a finals del segle XIX, creiem convenient analitzar la Torre Eiffel perquè ha estat una marca capdavantera en quan a concepció i desenvolupament dels esforços per difondre-la, amb un resultat excepcional. És una de les primeres marques arquitectòniques de la història.

6.5.1. Dades històriques i geogràfiques

La Torre Eiffel, situada en el cor de la ciutat de París fou projectada pels enginyers: Gustave Eiffel i els seus ajudants Maurice Koechlin i Émile Nouguier. És un monument commemoratiu del centenari de la Revolució Francesa del 1789 i coincideix també amb la inauguració de la Exposició Universal de París del 1889. A finals del anys 1880, la idea de construir una torre alta planava per moltes ciutats del món. Pel setembre del 1884 els dibuixos del projecte foren mostrats a l'Exposition des Arts Décoratifs de París. De seguida, com qualsevol obra nova, tingué diferents reaccions per part dels seus contemporanis. Algunes crítiques mostraven una oposició ferotge, sobretot per tractar-se d'una construcció de metall que es pensava construir al centre de París. Finalment, tot i les crítiques, es construí entre els anys 1887 i 1889.

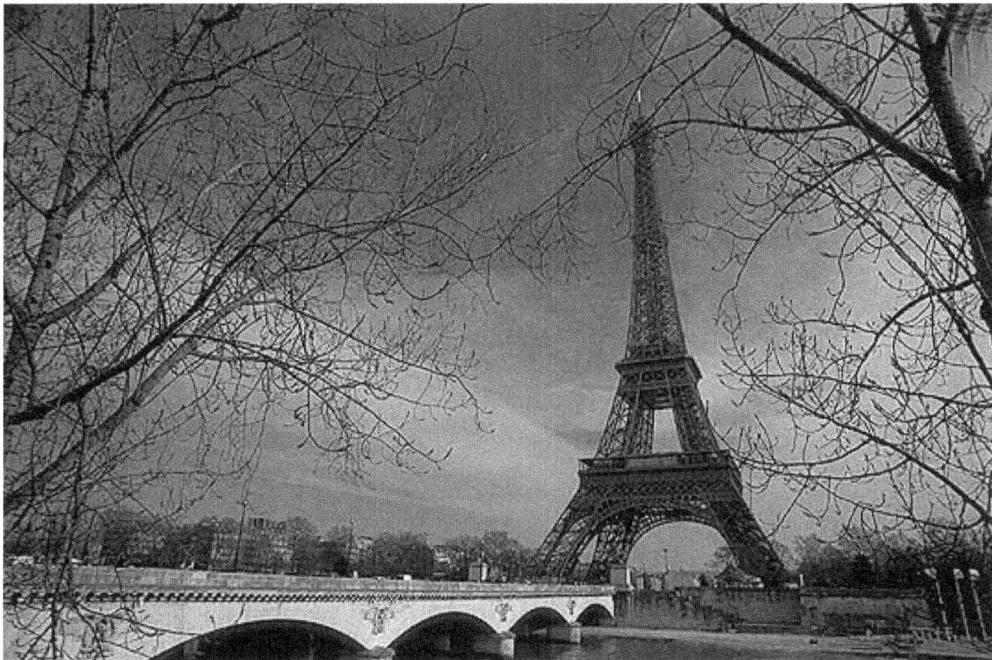

Imatge 24. La Torre Eiffel des del Sena (www.tour-eiffel.fr).

6.5.2. Dades conceptuals, tècniques i funcionals

La Torre Eiffel de 333 metres d'altura, és encara avui en dia la torre més alta d'Europa. Pesa unes 7000 tones i per aguantar tot el seu pes, fou necessari excavar els ciments de la torre 15 metres per sota terra, 5 metres per sota el riu Sena. Té forma de piràmide amb la base quadrada i elevant-se de manera corbada i altiva. Està formada per bigues enreixades de ferro i subjectades per 2,5 milions de cargols. Els càlculs són d'una gran precisió, propis d'una obra d'enginyeria. La principal característica constructiva és el material utilitzat, el ferro, esdevenint un precedent en la construcció d'aquest tipus de monuments.

És una torre per ser admirada des de l'exterior. El seu interior només és interessant per gaudir de la vista que es veu de la ciutat des del mirador de la part alta. En el seu interior presenta tres pisos, als quals s'hi pot pujar per ascensors. És pot afirmar que la relació exterior- interior no és significant, per no ser un objectiu primordial.

Des de la seva inauguració ha tingut les rehabilitacions habituals de conservació per aquest tipus d'edificis. El 1958, va augmentar la seva altura amb la instal·lació d'una antena de televisió.

Imatge 25. La Torre Eiffel de nit, il·luminada (fons propi).

6.5.3. Dades perceptuals

Des d'un punt de vista perceptual ha estat definida com a obra d'enginyeria al servei de l'arquitectura. Els dos grans aspectes perceptuals que defineixen la Torre Eiffel són el ferro i la seva forma piramidal. El ferro és un material amb connotacions diverses com per exemple ser un material fred, industrial, tècnic... fins i tot poc elegant, però per una altra banda, te connotacions de duresa, resistència i perdurabilitat. Aquestes connotacions ambigües del ferro es contraresten amb la forma tan característica de la torre, piramidal, allargada i estable. Té una forma característica, tremendament elegant i inconfusible.

Una altre aspecte a destacar des d'un punt de vista perceptual és la simetria, per donar mostres d'estabilitat i fermesa, només trencada per l'entrada en la planta baixa. Recordem a més que està formada per una estructura de bigues enreixades, les quals van formant mòduls que es van repetint. Així doncs, la podríem qualificar com una estructura modular.

Imatge 26. Part baixa de la Torre Eiffel (www.tour-eiffel.fr).

6.5.4. Anàlisi dels Processos. Procés de Significació

En l'anàlisi de l'ús, aquest monument compleix la funció pel qual va ser projectat, ésser un monument commemoratiu i simbòlic. Respon al clima atlàntic de la zona francesa ja que el ferro és un material molt resistent als canvis climàtics.

Es produeix adequació al context per estar situada en un lloc immillorable per ser admirada per totes les seves cares en un espai molt ampli al centre de París. És una estructura que ja s'associa perfectament amb la ciutat amb una assignació de pertinència clara.

Un altre aspecte a destacar és la gratificació estètica que provoca. La seva forma estilitzada la fa una forma elegant amb una base més ampla i una part alta molt més prima. La valoració efectiva es produeix per la seva forma exterior. L'interior està supeditat, la gent visita l'interior per poder accedir a la part alta i contemplar la vista de París. El valor és la seva forma estilitzada exterior.

6.5.5. Procés de Comunicació

Com a emissors del projecte tant l'enginyer Eiffel com les administracions volien aconseguir un monument per ser admirat, per la qual cosa el missatge havia de ser molt concret. Es produeix coincidència del que pretenia comunicar l'autor al projectar-la i el que la gent admira d'ella. Gustave Eiffel parla del ferro com un material relacionat amb la idea de progrés, dominant a finals del segle XIX; defensava la seva resistència, així com la seva elasticitat que li permeten, a diferència dels materials tradicionals com la pedra, suportar els esforços de comprensió i de tensió. Anys més tard, els experts li han donat la raó.

La informació que comporta el missatge comunicatiu és la d'un monument avantguardista que dóna a París un aire de modernitat, el missatge objectiu és la seva admiració per la seva forma peculiar. I això s'aconsegueix amb un suport per transmetre el missatge: la pròpia arquitectura del monument, una estructura tota de ferro. Es dona un procés de comunicació social i massiu, és un símbol tothom coneix. En aquesta difusió cal mencionar la importància dels milers d'objectes i *souvenirs* que porten estampada la imatge de la Torre Eiffel, gràcies a la simplicitat de la seva forma.

a)   b)

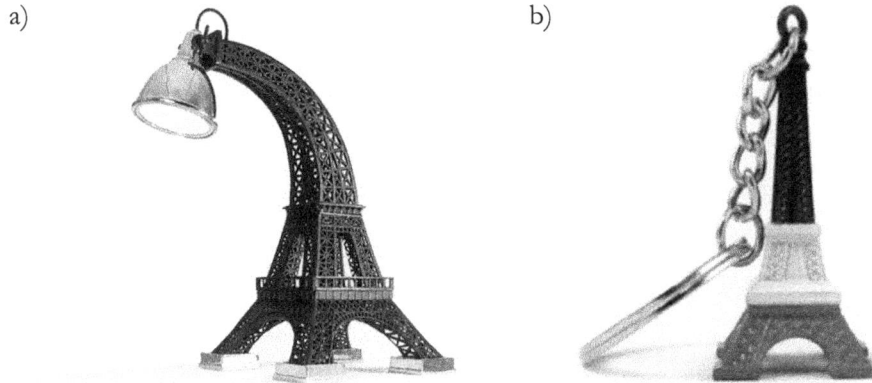

Imatge 27. Làmpada (a) (www.broadsheet.ie) i clauer
de la Torre Eiffel (b) (www.souvenirsofparis.com).

6.5.6. Procés d'Identitat

En quan a dimensió objectiva no té la pretensió d'assemblar-se a cap més altre monument commemoratiu, pretén ser única. La seva concepció no ha variat des de la seva inauguració, ha estat molt regular. Es pot afirmar què el valor del símbol s'ha mantingut intacte al llarg del temps. Analitzant la dimensió personal cal destacar que la Torre Eiffel és un monument que els ciutadans de París se'l consideren com a propi. No té cap vinculació a cap grup especial, tot i que la Societat de la Torre Eiffel fou fundada durant el mateix any de la seva inauguració i que s'encarrega de preservar el monument.

En quan a la dimensió social, val a dir que en la data en que es va construir encara no era habitual la demanda social d'aquestes construccions. La Torre Eiffel és un precedent que ha afavorit la demanda creixent de monuments. A més, es produeix una transmissió de contingut simbòlic per part dels autors a l'hora de projectar un monument emblemàtic.

6.5.7. Conclusió

La Torre Eiffel forma part de la World Federation of Great Towers (WFGT) i es visitada cada any per uns 6 milions de visitants. Davant les reaccions adverses, Gustave Eiffel defensava la seva torre i el valor de la utilització dels materials metàl·lics dient que, a més de qualitats constructives tenien qualitats plàstiques. Recordem que era una època encara molt crítica amb els materials més propis de l'enginyeria que l'arquitectura. Molts crítics consideraven l'arquitectura com una reproducció de les formes clàssiques i que el ferro era un material per construccions efímeres.

La Torre Eiffel és un monument, no un edifici, per tant com a monument ja té una component important de commemoració: el centenari de la Revolució Francesa i l'Exposició Universal de París de l'any 1889. La data del 1789 era un punt d'inflexió en la història de França i en la història moderna d'Europa, en la que França esdevé una república. Tanmateix, en el seu centenari, els esdeveniments de commemoració foren múltiples. El més destacat, l'organització de la Exposició Universal. En aquesta exposició París es volia mostrar com una ciutat capdavantera d'una Europa que estava creixent pròspera i econòmicament. Pretenia esdevenir la capital europea i per això la construcció d'un element commemoratiu per reforçar aquesta idea. Defensem l'anàlisi de Giulio Carlo Argan per definir la Torre Eiffel:

> *"Aviat passa a ser el símbol del París modern, a l'igual que el Coliseu ho és de la Roma antiga i la cúpula de Sant Pere, el símbol de la Roma catòlica. És en conseqüència, un macroscòpic element de decoració urbana que sobresurt sobre els vells símbols de les torres de Notre-Dame i de la cúpula dels Invàlids; un monument amb la particularitat que no té res de "monumental", ja que no commemora ni celebra un passat, no expressa principis d'autoritat ni representa ideologies, sinó que enalteix el present i anuncia el futur"* (Argan, 1998: pàgina 80).

D'aquesta afirmació rescatem la idea que un símbol no ha de representar necessàriament ideologies concretes o lligades a un poder polític o religiós. Aquesta independència serà evident en moltes altres marques analitzades. En la seva concepció de símbol i marca ha influït el ser un monument atípic des d'un punt de vista arquitectònic, en quan als materials utilitzats i a la seva estructura. Trenca amb el tòpic que el ferro és un material d'utilització industrial i poc valorat per l'arquitectura. La forma o silueta de la torre és una marca en sí i des del punt de vista gràfic, la seva senzillesa i contundència és idònia per campanyes de màrqueting. La Torre Eiffel és la marca arquitectònica de la ciutat de París i també de tota França, una marca profundament patriòtica i simbòlica.

6.6. Marca World Trade Center de Nova York

6.6.1. Dades històriques i geogràfiques

El World Trade Center era un complex d'oficines per albergar les empreses més importants de Nova York, situat al districte financer de Wall Street, amb dues torres bessones com a nucli principal de 438 metres d'altura, essent els gratacels més alts de Nova York. El projecte fou executat per l'arquitecte japonès Minoru Yamasaki, amb l'ajuda del també arquitecte Emery Roth i construït durant els anys 1967 i 1971.

En la seva curta vida el World Trade Center ha patit dos esdeveniments de caràcter terrorista que han marcat el seu destí. El primer fou un atac reivindicat per un grup islàmic al febrer del 1993, esclatant una bomba col·locada en un garatge

Imatge 28. El World Trade Center des de Brooklyn (www.ny.com) i cremant darrera l'Empire State l'11 de setembre del 2001 (www.cnn.com/2001/US/09/11).

subterrani entre les dues torres. Van morir 6 persones, i un miler d'individus foren atesos per problemes d'inhalació de fums. Amb aquest atac es demostrà que molts edificis i monuments emblemàtics dels Estats Units eren vulnerables de patir accions terroristes. El segon atac terrorista, també reivindicat per un grup islàmic, que van patir les Torres Bessones fou l'11 de setembre del 2001 i suposà la destrucció i desaparició dels emblemàtics edificis.

6.6.2. Dades conceptuals, tècniques i funcionals

El complex tenia la tipologia de gratacels d'oficines i serveis amb una altura de 438 metres i comptava amb 110 plantes o pisos. En aquestes torres les parets exteriors suportaven l'estructura. Això s'aconseguí col·locant en la façana una sèrie de columnes molt pròximes les unes de les altres, ajuntades per bigues horitzontals en cada planta. Les úniques columnes interiors es troben en la part més central de l'espai, de manera que les plantes gaudeixen d'un ampli espai interior. En canvi, és la vista des de les finestres cap a l'exterior el que es veia reduït, sacrificat

*Imatge 29. Estructura de la façana (www.greatbuildings.com)
i estructura i alçada del World Trade Center (fons propi).*

per l'estructura exterior. Yamasaki ho defensava perquè opinava que molta gent patia de vertigen i d'aquesta manera es suportava millor. Volia que la gent gaudís de les vistes, des de les finestres, amb sensació de seguretat i protecció. Però a la vegada, estava molt preocupat per l'aprofitament de la llum, en uns edificis que tenen un 30 % de vidre, solucionant-ho amb façanes més grises i fosques. Així doncs, els materials constructius més utilitzats són el formigó i el vidre.

L'interior no té res a veure amb l'exterior. En l'interior, influenciat per l'arquitectura històrica japonesa, s'estableix molts espais i molt relacionats, on és molt fàcil passar d'un espai a un altre, idea que també plasmava Frank Lloyd Wright en els seus edificis. Era un complex d'oficines per empreses amb serveis complementaris com hotels, restaurants, botigues, etc. i un mirador en un dels pisos més alts. El complex tenia l'objectiu de dinamitzar la part baixa de l'illa de Manhattan, abans que es convertís amb el popular districte financer.

6.6.3. Dades perceptuals

L'arquitectura de Minoru Yamasaki s'apropa a la tendència arquitectònica del New Formalism, fugint de l'International Style, imperant en els anys 20 i 30. Yamasaki havia sigut deixeble de Mies van der Rohe i del seu International Style. Però a principis dels anys 60 es sentia limitat i tingué la necessitat de trencar amb l'excés de formes simples. Començà a recuperar formes històriques, amb un estil més decoratiu i ornamental. En quan a les formes, predomina l'ortogonalitat i l'altura dels edificis per damunt de l'skyline de Nova York.

La simetria principal es produeix per les dues torres, homòlogues. La estructura està dominada per les parets exteriors que són les que aguanten tot el pes. La seva altura sobresortia per damunt de la resta d'edificis del voltant.

6.6.4. Anàlisi dels Processos. Procés de Significació

En l'anàlisi de les Torres Bessones es pot parlar d'adequació al context per estar integrat en el seu entorn, un barri ple d'edificis d'oficines, edificis institucionals, etc. No trenca amb la tendència de Wall Street. Era un conjunt emblemàtic de la ciutat de Nova York i tota la gent que hi treballaven es sentien identificats i orgullosos que albergava oficines de companyies capdavanteres. Des d'un

Imatge 30. Vista del skyline de Nova York amb el World Trade Center (www.emporis.com).

punt de vista estètic era més valorat per la seva monumentalitat que per la seva bellesa artística. Es produeix una valoració efectiva pel conjunt del complex, per la seva altura, per l'aspecte funcional i per tots els serveis que es podien trobar dins.

6.6.5. Procés de Comunicació

El World Trade Center era una obra que destacava a Nova York, no solament per la seva funcionalitat, al ser un edifici d'oficines i comerços, sinó també per la seva altura i monumentalitat. Segons paraules del propi Yamasaki:

> *"El propòsit de l'arquitectura és crear una atmosfera on l'home pugui viure, treballar i divertir-se"* (Yamasaki, 1993: pàgina 186).

Yamasaki tenia una idea molt planera i gens sofisticada de l'arquitectura. Valorava sobretot la funcionalitat de cada edifici, de cada arquitectura:

"Molts arquitectes influenciables pensen sincerament que tots els edificis han de ser "forts". La paraula "fort" en aquest context sembla connotar "poder", és a dir, que cada edifici hauria de ser un monument a la virilitat en la nostra societat. Aquests arquitectes es burlen dels intents de construir un edifici agradable, senzill de formes... La base d'aquesta creença és que la nostra cultura deriva primerament d'Europa i la majoria d'exemples tradicionals d'arquitectura són monumentals, reflectint les necessitats d'un estat, l'església o famílies feudals amb l'objectiu d'impressionar les masses. Això és incongruent avui en dia, perquè els edificis que es construeixen ara són per a un propòsit completament diferent" (Yamasaki, 1993).

Per tant, davant les idees del propi Yamasaki, sembla ambigüa l'anàlisi del World Trade Center des d'un punt de vista comunicatiu, perquè les connotacions de "fort" per la seva estructura i "monumental" per la seva altura estan presents en tot els estudis del popular complex, encara que l'autor es desmarqui amb les seves afirmacions.

El World Trade Center estava destinat a dos tipus de receptors, els turistes que visitaven la ciutat i admiraven el gratacels i les persones que hi treballaven cada dia. La informació del missatge comunicatiu pot ser variant depenent de qui és el receptor del missatge, els treballadors que es familiaritzaven amb l'edifici, els seus espais i l'atmosfera que s'hi respirava i els visitants que gaudien durant una estona de l'arquitectura de l'edifici i de les vistes sobre la ciutat contemplades des dels pisos més alts. Potser no era la intenció de Yamasaki però el World Trade Center es convertí en el símbol del poder econòmic dels EEUU, i com a tal aquest missatge comunicatiu era molt estes i arrelat.

El procés de comunicació es realitza fàcilment perquè el missatge no és abstracte, sinó molt concret i sense falses interpretacions. La relació conceptual és molt objectiva. Aquesta objectivitat del missatge comunicatiu queda plasmada en totes les imatges que evoquen el World Trade Center, tant els que expressen el popular skyline de Nova York com les imatges que evoquen l'atemptat de l'11S.

Són innombrables els objectes que reprodueixen la imatge del WTC, com samarretes, tasses, gorres i tot tipus de *souvenirs*. La infinitat de suports amb la imatge de les torres difon encara més la marca arquitectònica (Imatge 31).

Imatge 31. El World Trade Center en diferents objectes i idees (www.nycwebstore.com).

6.6.6. Procés d'Identitat

En molts gratacels es produeixen certes semblances. Les dimensions, l'altura i l'ortogonalitat són molt comuns, formen part de la identitat d'aquest tipus d'edificis Sempre es va mantenir el caràcter emblemàtic de l'edifici, al llarg de tota la seva vida, per tant podríem recalcar la dimensió objectiva i regular en el temps.

En quan a la dimensió personal, es produeix una apropiació. Els treballadors de l'edifici i molts neoyorkins s'apropiaren dels espais, sentint-los seus, tant per feina com per gaudir-ne de les vistes. Amb els anys, el World Trade Center va anar guanyant en admiració, reconeixement i prestigi internacional.

6.6.7. Conclusió

L'11 de setembre del 2001, Els Estats Units patiren l'atac terrorista més gran de la seva història, provocant la destrucció i caiguda de tot el complex arquitectònic i afectant altres edificis del voltant. Moriren 3.000 persones. Amb l'atemptat, es destrueixen les torres i la imatge de l'skyline de Nova York canvia. En queda el record i les imatges gràfiques però ha desaparegut la marca real.

La imatge de la marca encara existeix en la multitud d'imatges divulgades pels mitjans de comunicació, així com tots els objectes que evoquen la imatge de les

Imatge 32. Bombers treballant en els atemptats de l'11 de setembre del 2001
(Kerik & Von Essen, 2002).

torres tant abans de l'atemptat com en la seva destrucció. Des de la seva concepció, el World Trade Center tenia l'objectiu de ser un gratacel emblemàtic, símbol del desenvolupament comercial i econòmic de l'anomenat "american way of life".

Nova York ja era admirada pel seu skyline i tenia una zona financera que tenia el seu pes en l'economia americana, albergant Wall Street. Per tant, era una zona idònia per construir-hi l'edifici més alt, que simbolitzés aquest poder econòmic. Després de la destrucció les torres són la marca d'uns fets recents que han canviat, no solament la imatge de l'skyline de Nova York sinó conductes en l'ordre de l'economia mundial. És el que podríem qualificar com l'absència com a marca.

6.7. Marca Torre Agbar de Barcelona

6.7.1. Dades històriques i geogràfiques

La Torre Agbar és l'edifici d'oficines que va fer construir el grup Aigües de Barcelona com a seu central, a més d'albergar oficines per llogar a altres empreses. Projectat per l'arquitecte francès Jean Nouvel, es construí entre els anys 2001-2005. Gaudeix d'un emplaçament immillorable en el centre de la ciutat de Barcelona, en la confluència de l'Avinguda Diagonal amb la Plaça de les Glòries.

6.7.2. Dades conceptuals, tècniques i funcionals

Es defineix com a gratacel, tot i els seus limitats 142 metres d'alçada. El més destacat, des del punt de vista tècnic és la seva forma cilíndrica, lleugerament cònica i coronament semiesfèric. L'estructura és de formigó i sustenta la forma escamada exterior degut a les làmines d'alumini de colors i les finestres.

Els materials constructius són principalment el formigó per l'estructura i l'alumini. L'estructura de formigó és la que sustenta les làmines ondulades d'alumini de colors blau i vermell, en una segona pell. A vuit metres d'aquesta, una pri-

Imatge 33. Torre Agbar de Barcelona de dia en dues vistes (fons propi).

mera pell de làmines de vidre. Les làmines de colors, juntament amb els vidres conformen un joc suggestiu visual, magnificat per la il·luminació a la nit. El més destacat és la distribució asimètrica de les finestres en relació a l'aprofitament de la llum exterior. Un total de 4.400 finestres. En la cara sud n'hi ha més que en la cara nord, per poder tenir sensacions semblants tant al matí com a la tarda, resultat d'un estudi exhaustiu sobre la llum solar.

La seva alçada no deixa indiferent ni al vianant ni al que es trasllada en mitjà de transport. Els 142 metres d'alçada, que arreu del món serien considerats pocs, però que a Barcelona és molta altitud perquè hi ha pocs edificis alts, estan repartits en 35 plantes, 3 de les quals són de serveis, ubicades intercaladament i no a la part alta com és habitual en aquest tipus d'edificis. Els altres són pisos d'oficines.

A més de l'estructura exterior, interiorment està formada per un altre cilindre, més petit, el qual conté les escales, els dos ascensors i un muntacàrregues. L'espai entre els dos cilindres, l'exterior i l'interior, que és asimètric està destinat a les oficines, amb una superfície considerable de 31.000m². L'espai interior destaca per no haver-hi columnes de tal manera que les càrregues es sustenten amb els dos cilindres i la decoració manté els colors blau i vermell de la façana adduint una bona relació entre l'exterior i l'interior. En el soterrani, s'ubiquen 4 plantes d'aparcament de vehicles.

Com ja s'ha comentat, aquest edifici destaca pel factor bioclimàtic, amb l'aprofitament de la llum solar mitjançant les finestres, a més de minimitzar la contaminació ambiental i redueix el consum energètic. Els dos cilindres o la doble pell és una protecció per la llum solar, així com els diferents nivells d'inclinació que permeten les làmines fixes. Tot plegat, en un projecte agosarat de forma i aplicacions tecnològiques.

6.7.3. Dades perceptuals

És un gratacels amb solucions tècniques innovadores, fruit de l'arquitectura més avançada. Des del punt de vista perceptual, els aspectes més destacats són la forma, la textura i els colors de l'edifici. L'arquitecte Jean Nouvel ha afirmat que s'havia inspirat en les formes de les muntanyes de Montserrat i en l'arquitectura orgànica d'Antoni Gaudí al projectar el gratacels.

Fontova i de la Torre van més enllà a l'hora de parlar de la inspiració i de la principal dada perceptual en l'edifici.

> *"Aquesta inspiració no s'atura en l'homenatge a la tradició sinó que s'implica de manera decisiva en el llenguatge tecnològic. Si s'hagués de resumir de quin substància està feta la Torre Agbar s'hauria de mencionar el píxel com a motiu, a més del trencadís gaudinià"* (Fontova & de la Torre, 2005).

La forma cilíndrica, acabada en forma cònica i semiesfèrica, sobresurt per damunt de la ciutat de Barcelona, essent una forma poc usual en la ciutat. Les làmines de colors, en blau i vermell, juntament amb els vidres transparents provoquen un conjunt que varia segons reflexa el sol i que a la nit, s'il·luminen en un joc suggerit i visible des de molts llocs de la ciutat. Sobre els colors de la torre, els mateixos autors afirmen:

> *"La gran qualitat d'aquests despatxos d'oficines és el joc de finestres, que formen com uns escacs irregulars, que va perforant les parets i que permet tenir una visió curiosa de la ciutat, de Montjuïc al Fòrum, de la Sagrada Família a l'Eixample. Aquesta visió va guanyant força a mesura que s'ascendeix fins a la cúpula. Perquè la torre, a partir de la planta 26, adquireix dimensió de mirador extraordinari"* (Fontova & de la Torre, 2005).

6.7.4. Anàlisi dels Processos. Anàlisi del procés de Significació

Tot i la seva forma, és un edifici preparat per la funció i l'ús que s'hi desenvolupa. Cal destacar l'estudi tèrmic per a la distribució de les finestres, tenint en compte la llum solar i el clima.

En quan a la seva adequació al context, ha tingut diferents opinions en aquest sentit, alguns diuen que trenca amb l'urbanisme barceloní i altres troben innovador la inclusió d'un gratacels de tal forma i altura a la ciutat. Ha estat l'aposta d'un grup empresarial que s'ha convertit en un referent social.

Si analitzem la gratificació estètica de l'edifici, cal destacar que el joc de làmines blau i vermell li dona un fort caràcter innovador i estèticament atractiu. En conjunt, és valorat positivament per tots els serveis que ofereix a les persones que hi treballin i a més per ser una arquitectura agosarada, moderna i avantguardista.

Imatge 34. Interiors de la Torre Agbar (www.pixlzon.net/ torre_agbar).

6.7.5. Procés de Comunicació

L'emissor del missatge comunicatiu són tan l'arquitecte Jean Nouvel com l'empresa promotora: Aigües de Barcelona. Amb un missatge molt concret, ser la icona d'un grup empresarial, la marca de l'empresa.

No es produeix una comunicació social destinada a un grup concret, sinó que intenta comunicar el mateix a tothom. Es produeixen certes connotacions conceptuals abstractes per la seva peculiar forma, fruit de semblances i similituds, la qual cosa ja ocasiona que se l'anomeni per diferents noms.

La Torre Agbar, per la seva forma és idònia per convertir-la en imatge corporativa molt simple i entenedora. Un bon exemple és un dels encapçalaments que es trobava en la pàgina web del grup empresarial Aigües de Barcelona.

6.7.6. Procés d'Identitat

És aviat per parlar de procés d'identitat, analitzable al llarg del temps. No intenta assemblar-se a cap altre edifici, l'autor ha afirmat que s'assembla a la forma de les muntanyes de Montserrat, en les quals s'ha inspirat, i la pell de l'edifici en el trencadís de Gaudí. Fermín Vázquez, arquitecte que ha dirigit la construcció de l'obra afirma:

> *"D'aquí a poc temps semblarà que l'edifici és aquí de tota la vida. No hi ha dubte que s'ha convertit en un símbol de Barcelona"* (Vázquez, 2005).

L'edifici es vinculava clarament a una empresa i l'aposta que va fer aquesta per l'arquitectura i la seva imatge. Es podria afirmar que l'edifici és fruit d'una creixent demanda social d'aquest tipus d'edificis, que donin imatge i valor afegit a les empreses que representen.

Imatge 35. Marca gràfica de la Torre Agbar (www.agbar.es).

6.7.7. Conclusió

La Torre Agbar és la gran marca arquitectònica d'empresa en la ciutat de Barcelona de principis del segle XXI. Neix del creixent fenomen social de les empreses en fer-se representar per edificis singulars, que donin valor afegit en la imatge de l'empresa. La torre era una aposta de futur. Les empreses comencen a invertir en patrimoni. Un cop construït un edifici, la marca arquitectònica ven, l'espai es revaloritza i l'empresa guanya en projecció tant nacional com internacional. I les claus són:

- Gaudir d'un emplaçament immillorable, cèntric i ben comunicat.
- Encarregar el projecte a un arquitecte d'un cert prestigi.
- La més avançada tecnologia ha d'estar present en les solucions constructives.
- Qualitat arquitectònica al servei d'una arquitectura innovadora, particular, destacada...

Com afirma Fermín Vazquez, la forma és determinant a l'hora de valorar l'edifici:

> "La Torre Agbar és un objecte misteriós o inquietant, però no estrany" (Vázquez, 2005).

Però per aquest arquitecte, la gran aportació d'aquest edifici té un caire més constructiu que no pas formal:

> "Sense grans ostentacions tecnològiques, s'ha fet una cosa extraordinària, gairebé en cada detall. Per exemple, s'ha construït un mur de formigó amb finestres i s'ha fet servir una xapa d'alumini prelacada que s'ha utilitzat de forma industrial" (Vázquez, 2005).

En definitiva, la Torre Agbar és la forma peculiar com a marca arquitectònica.

6.8. Marca Pavelló Mies Van Der Rohe de Barcelona

6.8.1. Dades històriques i geogràfiques

El pavelló Mies van der Rohe va ser construït com a pavelló representatiu de l'arquitectura d'Alemanya en l'Exposició Universal de Barcelona de l'any 1929, ubicada en la zona regenerada de la muntanya de Montjuïc. El pavelló es va desmuntar el 1930, passada la clausura de l'Exposició, però anys més tard es reconstruí amb la mateixa estructura i materials originals, degut a la insistència d'alguns sectors admiradors de l'arquitectura inconfusible de Ludwig Mies van der Rohe que llastraven la pèrdua d'un edifici emblemàtic.

6.8.2. Dades conceptuals, tècniques i funcionals

Des d'un punt de vista tècnic, es defineix el pavelló d'exposició amb una arquitectura moderna arrelada en l'anomenat International Style. La ubicació del pavelló fou molt discutida entre els organitzadors de l'Exposició i Mies van der Rohe que refusà algunes parcel·les fins que aconseguí l'actual ubicació. En principi era un espai irregular per la seva forta pendent cap al sud i just tocant de la muntanya que ascendeix i ja en el límit del que era el recinte firal.

L'arquitecte va saber realçar aquesta ubicació com analitzen anys més tard Ignasi de Solà-Morales, Cristian Cirici i Fernando Ramos, reconstructors de l'edifici en la dècada dels 80:

> *"Mies replicà sol·licitant un lloc, aparentment marginal, però ple de possibilitats territorials que el futur edifici faria seves, per fer d'un convencional i petit recinte representatiu, un espai arrelat en el seu lloc en el que es col·locava i enfatitzador de les condicions territorials que el mateix edifici comportava"* (Solà-Morales, Cirici & Ramos, 1993).

És un edifici relacionat i integrat en el seu entorn, un paisatge únic a l'inici de la muntanya de Montjuïc. Compost d'elements constructius de formes planes, geomètriques i ortogonals. En destaquen la riquesa de materials utilitzats com: Vidre, acer i diferents tipus de marbre: travertí romà, marbre verd dels Alps, marbre verd antic de Grècia i marbre ònix daurat de l'Atlas. És una arquitectura composta de plans perpendiculars entre sí, destacant la superfície plana de la coberta i els plafons dels diferents marbres combinats amb perfils d'acer que sustenten grans finestrals de vidre, donant una sensació de transparència i fermesa ala vegada.

Des del punt de vista tècnic, és interessant destacar que els murs de contenció eren de formigó armat i que la pedra no complia la funció sustentant habitual. Mitjançant un sistema nou de perfils metàl·lics les plaques dels marbres anaven col·locades davant i collades per una sèrie de cargols. Son murs per definir els espais i actuen com a separadors i marquen el recorregut de la visita. Aquest sistema l'utilitzaria Mies posteriorment en altres construccions, sobretot als EEUU.

Imatge 36. Pavelló Mies van der Rohe de Barcelona (fons propi).

Cal mencionar la relació entre espais interiors i exteriors que es produeix pels grans finestrals de vidre, així com els espais oberts, essent el pas d'uns als altres com una continuïtat.

Després de diferents intents de restituir el pavelló, es portà a terme en els anys 80 i inaugurant-se de nou el 1986. La reconstrucció fou difícil per la manca de documentació i perquè la informació trobada no corresponia a l'exactitud de l'edifici original degut a que va ser una construcció molt ràpida, amb canvis improvisats i solucions d'última hora que el propi Mies van der Rohe aplicava al projecte.

Fou necessària una exhaustiva tasca de documentació i de trobades amb persones especialitzades per reconstruir el pavelló exacte com l'original. Val a dir que es produïren alguns canvis voluntaris, pensant en la garantia de permanència, com la solidesa de la coberta, la recollida d'aigües, les mesures de seguretat de l'edifici i millores en les instal·lacions.

En quan a mobiliari destaca la cadira Barcelona, dissenyada també per Mies van der Rohe, que es pot observar en la Imatge 37, amb una estructura d'acer i cos de pell blanc, en les dues modalitats, butaca i cadira.

Imatge 37. Interior del Pavelló Mies van der Rohe de Barcelona (fons propi).

Un altre element important del conjunt arquitectònic és l'aigua per la ubicació de dos llacs, un a l'explanada d'entrada a l'edifici, on es reflexa l'arquitectura. En l'interior es troba un altre llac interior protegit pels murs de marbre i una paret interior en vidre i completament descobert. Dins del llac i emergent en un pedestal, s'alça l'escultura "Matí" de Georg Kolbe, el cos d'una dona en un altiu moviment.

Es manté la funció original de l'edifici com a pavelló representatiu de l'arquitectura d'un país que alberga esdeveniments puntuals com presentacions, promocions, etc.

6.8.3. Dades perceptuals

Des d'un punt de vista perceptual, l'edifici el podem qualificar com arquitectura moderna, amb una tipologia i una estètica propera a l'escola Bauhaus, per la falta d'ornamentació i la importància de la geometria. Predominen les formes planes i un sentit de la horitzontalitat amb domini de les textures dels materials, en concret del marbre i una estructura basada en perfils d'alumini amb finestrals

Imatge 38. Interior del Pavelló. Escultura "Matí" de Georg Kolbe (fons propi).

de vidre. Els contrastos perceptuals en l'arquitectura es donen per la varietat de materials utilitzats com el vidre, l'acer i el marbre i els seus variants colors.

En quan a moviment, aquest és inapreciable ja que és un edifici molt estable. L'únic moviment podria ser el de les aigües dels llacs, un de més gran exterior i un d'interior més petit.

6.8.4. Anàlisi del Processos. Procés de Significació

L'ús pel qual va ser construït és ara testimonial, ara la funció és simbòlica. Reconvertit en un espai cultural arquitectònic, amb un nombre de visites modest. L'adequació al context és immillorable. Està situat en una zona tranquil·la, però en un enclavat privilegiat, a la muntanya de Montjuïc, al costat d'altres museus i zones visitades. Amb la seva reconstrucció es demostrà l'interès de pertinència, de tornar a pertànyer a la ciutat i en especial l'arrelament de l'edifici en l'espai que ocupa.

Analitzant aspectes com la gratificació estètica és un edifici molt elegant i agradable per les seves formes simples, per la seva geometria i una acurada estètica. Com ja s'ha dit en un apartat anterior, els espais interiors estan relacionats amb l'exterior, seguint la mateixa línia. No hi ha un trencament al passejar de l'exterior a l'interior, i per tant la seva valoració continua essent positiva.

6.8.5. Procés de Comunicació

El primer emissor del missatge comunicatiu, fou l'arquitecte Mies van der Rohe amb la seva peculiar arquitectura; posteriorment fou l'Ajuntament de Barcelona l'interessat en la seva reconstrucció i a oferir el pavelló igual que l'original.

Tot i estar dirigit a tothom, és un pavelló que crea interès entre experts i amants de l'arquitectura. La informació del missatge comunicatiu és la modernitat expressada per la geometria, les formes planes i la falta d'ornaments. El suport del missatge es la pròpia arquitectura.

És un edifici que rep molt bones crítiques dels experts, per tant té una comunicació social molt concreta, destinada a un públic minoritari. Possiblement l'arquitecte volia arribar a un públic massiu però la majoria d'habitants de Barcelona no l'han visitat. És valorat per experts i arquitectes.

El pavelló és fàcilment expressable com a marca gràfica com és pot entreveure en el logotip corporatiu i en el que es va dissenyar en motiu del 75 aniversari de l'Exposició Universal i de la primera construcció de l'edifici.

6.8.6. Procés d'Identitat

Respon a l'arquitectura moderna de principis del segle xx i com a tal, les seves formes tenen similituds a altres edificis de la mateixa tendència. La dimensió objectiva de l'edifici no ha canviat el seu concepte inicial, perdura al llarg del temps. En canvi, la dimensió personal és concreta. No ha tingut una apropiació massiva i popular per parts dels habitants. És un edifici que es vincula als arquitectes perquè són els que l'estudien, el critiquen, etc. No pertany a cap demanda social concreta, és fruït d'un esdeveniment social, una Exposició Uni-

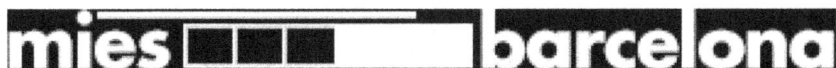

Imatge 39. Marca corporativa del Pavelló Mies van der Rohe (www.miesbcn.com).

Imatge 40. Marca corporativa del 75 aniversari de la 1ª construcció del Pavelló (www.miesbcn.com).

versal i l'afany de preservar-lo posteriorment. En definitiva, es podria afirmar que l'autor ha intentat transmetre un significat entès i identificat per un públic concret i expert.

6.8.7. Conclusió

El pavelló Mies van der Rohe és una obra emblemàtica del Moviment Modern, construïda per un motiu concret, esdevenir el Pavelló d'Alemanya en l'Exposició Universal de Barcelona de l'any 1929. L'arquitecte pretenia reflectir l'International Style més pur, amb formes planes, geomètriques i sense ornamentació. Aconseguí reflectir l'arquitectura de la modernitat. Això és que més han valorat els experts, arquitectes de tot el món, crítics d'art i altres estudiosos que veuen en el pavelló a una obra cabdal de l'arquitectura del segle XX. Hi havia prou motius per a la seva reconstrucció, que es dugué a terme 53 anys més tard de la seva demolició, tot i que molts qüestionen la legitimitat de reconstruir una arquitectura quan s'entén l'art com una disciplina única i irrepetible.

Els defensors de la idea de la reconstrucció opinen que el que s'ha fet és una "interpretació" del projecte de Mies. Els propis reconstructors defensen:

"Creiem que tots els que hem tingut alguna intervenció en aquest treball som conscients de la distància infranquejable que es troba entre l'original i la rèplica. No perquè la qualitat de la seva execució hagi de ser menor, que no ho és, o perquè no sigui possible saber exactament com estaven resolts tots els detalls de l'edifici, sinó perquè tota rèplica és, sens dubte, una interpretació" (Solà-Morales, Cirici & Ramos, 1993).

Així doncs la interpretació ha esdevingut una marca arquitectònica per ser una peça clau en l'arquitectura moderna, però ho és per a un públic concret, expert. Les seves instal·lacions tampoc estan preparades per a multituds de visitants. No és una marca de difusió massiva. Amb la seva absència, es va comprendre la importància de la seva arquitectura. Com a conclusió, les paraules dels arquitectes reconstructors demanant una visita in situ per entendre la certesa de la seva presència, la validesa de la convicció del pavelló:

"S'haurà d'anar fins allà, passejar i veure el fulgurant contrast entre l'edifici i el seu entorn, perdre la mirada en la cal·ligrafia dels marbres, sentir-se envoltat per un sistema de plans de pedra, vidre i aigua que ens recullen i ens mobilitzen a través de l'espai. Això és el que nosaltres hem volgut retrobar i oferir a la sensibilitat i a la cultura del nostre temps" (Solà-Morales, Cirici & Ramos, 1993).

El pavelló de Mies van der Rohe el podríem definir com la reconstrucció com a marca.

Imatge 41. Estructures de vidre del Pavelló Mies van der Rohe de Barcelona (fons propi).

CAPÍTOL 7

CONCLUSIONS

7.1. L'anàlisi de les marques arquitectòniques

Després de l'anàlisi de possibles marques arquitectòniques i tenint en compte els estudis sociològics previs de com una arquitectura pot arribar a ser considerada marca arquitectònica, arribem a una sèrie de conclusions generals que ens ajudaran a definir una marca arquitectònica.

7.1.1. La importància del pas de símbol a marca

Molts edificis o conjunts arquitectònics són símbols per alguna de les seves característiques: per ser representatiu d'alguna tendència arquitectònica passada, per les característiques de la seva arquitectura i construcció, pels seus materials, per la seva funció, pel seu arquitecte, per la seva innovació tècnica, per la seva forma o per la seva alçada. El pas de símbol a marca es produeix quan intervenen els mitjans de comunicació. Amb la difusió i la divulgació del símbol, aquest adquireix un reconeixement que la converteix en marca, i que a partir d'aquí es pot consumir posteriorment.

Les marques ajuden al consum, no solament en l'augment de visites en els seus llocs, sinó també en la difusió pels mitjans de comunicació, en vendes d'objectes publicitaris amb la imatge de la marca arquitectònica. El consum pot ser directe o indirecte, la qual cosa influeix a la pròpia marca o en el seu context, la seva ciutat, el seu país, etc. Moltes marques arquitectòniques han esdevingut marques al llarg del temps. Construccions històriques de qualsevol època han esdevingut marques arquitectòniques, com ho podrien ser les piràmides d'Egipte o l'Acròpolis d'Atenes que foren concebuts com a símbols. Amb el temps, s'han convertit en icones dels seus respectius països, són el millor llegat històric d'una època mil·lenària i la seva permanència al llarg del temps suposa un patrimoni incalculable i admirable.

7.1.2. *Els mitjans de comunicació influeixen en la consideració de marca*

Els mitjans de comunicació influeixen en l'arquitectura al convertir-la en una marca. Ho fan de dues maneres, amb la difusió de missatges pels propis mitjans de comunicació, i amb la influència de la publicitat en les marques arquitectòniques.

La difusió de missatges pels mitjans de comunicació es porta a terme en el format que sigui: notícia, inauguració, rehabilitació, canvi d'ús, crítica, etc. Trobem dos exemples prou clars. El World Trade Center de Nova York era una arquitectura difosa en molts mitjans de comunicació com la premsa, el cinema, la televisió, la fotografia, etc. Era molt coneguda arreu del món. Un esdeveniment com l'atac terrorista del l'11 S, amb imatges immediates difoses per molts mitjans de comunicació que donaren la volta al món, donà una difusió sense precedents d'una marca. Un esdeveniment de tal magnitud acaparà durant dies les imatges de tots els mitjans.

Amb campanyes publicitàries i estratègies de màrqueting estudiades, es promociona la marca arquitectònica a través dels mitjans de comunicació o en productes de merchandising, aprofitant l'impacte comunicatiu i persuasiu de la marca amb la voluntat que les marques repercuteixin en visites, vendes i ingressos econòmics.

Així doncs, tant important és la creació de la marca arquitectònica com la voluntat de difondre la marca en mitjans de comunicació, en el format que calgui, perquè sigui coneguda i admirada.

7.1.3. La funció de l'edifici no és determinant per a la consideració de marca

Un aspecte a destacar de les diferents marques arquitectòniques és la funció per la qual foren construïdes, independentment del fet d'esdevenir marques arquitectòniques. El Museu Guggenheim de Bilbao és un museu amb una funció cultural, la Ciutat de les Ciències de València té un caràcter barreja de les dues anteriors: lúdica i cultural, la Torre Eiffel té una funció commemorativa, i el World Trade Center eren "sols" dos edificis d'oficines, de botigues i serveis.

En la majoria de marques arquitectòniques, la funció és important però no és determinant. Trobem moltes marques arquitectòniques amb múltiples funcions: des de temples religiosos, castells medievals, edificis governamentals, monuments històrics, espais culturals o gratacels d'oficines. En una marca arquitectònica, l'arquitectura en sí és més important que la funció, està supeditada a qualsevol funció que pugui tenir un edifici, per tant es pot afirmar, que tot i no depreciar-se l'ús que tingui un edifici, la funció no és determinant per a la consideració de marca.

7.1.4. Les marques arquitectòniques són un reclam turístic

Cada ciutat busca la seva marca arquitectònica que sigui un reclam turístic per atreure visitants. L'objectiu és que els turistes passin uns dies a la ciutat visitant no solament la marca arquitectònica, una visita imprescindible, sinó altres racons de la ciutat. Val a dir que moltes ciutats tenen més d'una marca arquitectònica, tot i que una sempre destaca per damunt de les altres i sol ser la més reconeguda i visitada. Les diferents marques arquitectòniques d'una mateixa ciutat, van dirigides a un públic heterogeni o a segments diversos de receptors.

A més, les ciutats ofereixen un ventall d'activitats museístiques, musicals, esportives i lúdiques molt completa perquè el visitant pugui gaudir d'una estada amb molts al·licients gratificants que el portin a repetir la visita.

El màrqueting busca estratègies per vendre la marca arquitectònica plasmada en imatges d'objectes i *souvenirs* com samarretes, gorres, cartells, postals, i tot un seguit de productes. La marca arquitectònica s'aprofita per aconseguir una imatge corporativa que exporti i difongui la imatge tant de la marca com de la ciutat, de l'empresa o del país al que correspongui.

7.1.5. Un públic s'identifica amb la marca arquitectònica

Una arquitectura ha de passar per tres fases per esdevenir una marca arquitectònica. El primer és el Procés de Significació, en el qual una arquitectura ha de tenir un significat, ha de tenir quelcom a expressar mitjançant els seus elements constructius, la seva forma, la seva estructura, és a dir, pel conjunt de la seva percepció. El segon és el Procés de Comunicació en el qual aquests significats arriben als receptors que perceben l'arquitectura, produint-se una coincidència entre els significats dels emissors i els significats que entén el receptor. El significat arriba a un públic, concret o massiu. Si un edifici comunica alguna cosa, és que no deixa indiferent a qui l'observa, a qui el visita, a qui hi treballa i a qui hi viu a prop.

I finalment es produeix el Procés d'Identitat, quan ja s'han complert els dos processos anteriors. Un públic s'identifica amb l'edifici, se'l sent familiar o pròxim o fins i tot propi. Això es degut a particularitats o semblances, a la identitat per vinculació a algun edifici o a la identitat de vocació col·lectiva. Tots aquests conceptes tenen clares connotacions psicològiques, són mostres d'acceptació fruit de diferents factors, com la influència dels mitjans de comunicació, certs comportaments socials i altres actituds que podrien ser un estudi molt més profund de les marques arquitectòniques.

7.1.6. Un arquitecte de renom internacional ajuda en la consecució de la marca

Un arquitecte amb una trajectòria important pot ajudar en la consecució d'una marca, com poden ser Le Corbusier, Mies van der Rohe, Santiago Calatrava, Frank Gerhy, Jean Nouvel, Frank Lloyd Wright o molts d'altres.

Quan una ciutat vol projectar un edifici per convertir-la en marca, tant si és un museu, una estació de ferrocarrils, un aeroport o qualsevol altre tipus de construcció, si ho encarrega a un arquitecte de prestigi internacional, el projecte presenta connotacions de marca, solament perquè ho està projectant un arquitecte, que de per sí, ja ho és. És el fenomen que s'anomena "arquitectura de firma", l'encàrrec d'un projecte a un arquitecte de renom. Per tant, aquí caldria diferenciar el paper de l'arquitecte en tant que ajuda a la consideració de la marca que ha projectat, i la figura de "l'arquitecte com a marca", quan un arquitecte és el màxim representant d'una tendència arquitectònica o una ciutat presenta una gran quantitat d'edificis emblemàtics projectats pel mateix arquitecte, com podria ser la figura d'Antoni Gaudí per Barcelona o la de Mies van der Rohe per Berlín, per la qual cosa es converteixen en "arquitectes- marca", superant en reconeixement a la seva pròpia arquitectura.

7.1.7. *Les característiques arquitectòniques són importants en les marques*

Els edificis que es converteixen en marques arquitectòniques tenen una arquitectura particular, singular, amb característiques arquitectòniques que destaquen per qualsevol motiu, per la seva innovació tecnològica, per la seva forma, pels seus materials, per la seva estructura, pels seus elements arquitectònics o per qualsevol altre motiu. La pròpia arquitectura és determinant perquè un edifici esdevingui marca.

Sovint la marca arquitectònica destaca per damunt dels edificis del seu voltant. És important que la marca arquitectònica estigui emplaçada en un lloc adient, en un context adequat i que estigui integrada en l'entorn. La qualitat arquitectònica de les marques són motiu d'estudi i anàlisi com a exemples d'arquitectura.

A continuació resumirem algunes conclusions sobre les anàlisis de les possibles marques arquitectòniques del capítol 6 anterior perquè ens ajudarà a la posterior re- definició de marca i a establir les condicions per ser-ho.

- **Museu Guggenheim de Bilbao.** És la marca que ven la ciutat de Bilbao i que atreu a milers de visitants.

  Amb una funció cultural, és un museu d'art contemporani amb col·leccions permanents i exposicions temporals. La funció és important, però encara ho és més la seva arquitectura. La marca arquitectònica supera la marca cultural. I el seu arquitecte, Frank Gerhy, pel seu renom internacional, ja és una marca en sí, amb la seva arquitectura avantguardista, reflex d'una arquitectura interrelacionada amb l'escultura i el disseny espacial. És la marca que ha regenerat Bilbao i ha fet esborrar el passat industrial que la caracteritzava. Recordem que s'anomena "efecte Bilbao", a l'aposta per un museu per regenerar una ciutat o zona degradada i el museu Guggenheim n'és pioner.

- **Biblioteca Central de Seattle.** Amb una funció determinant i social, el projecte d'una biblioteca en el marc del segle XXI, comporta unes característiques que trenquen amb la línia de les biblioteques tradicionals. Rem Koolhaas i el seu estudi d'arquitectura OMA, conscients dels canvis en la nostra societat, projectarem un edifici multidisciplinar, amb sales de lectura, de reunions, sales de conferències, sales amb connexió a internet, terrasses o espai pels nens. La Biblioteca de Seattle és un edifici d'acer i grans finestrals de vidre amb formes anguloses que juguen en la façana i que contrasten amb l'ortogonalitat dels edificis del voltant, destacant el immillorable emplaçament en el centre de la ciutat. La podríem qualificar la funció com a marca arquitectònica, però sobretot el punt de trobada i la referència social com a consecució de marca.

- **La Ciutat de les Ciències i les Arts de València.** Concebut com a marca arquitectònica de la ciutat de València. Té connotacions semblants al Museu Guggenheim de Bilbao. Porta el segell del seu arquitecte, Santiago Calatrava, l'arquitecte valencià més internacional. Es diferencia amb el museu basc en que en la seva funció hi ha una component lúdica molt important, a més de la component cultural. És una marca molt nova i recent entre totes les analitzades i es veurà en un futur cap a on evolucionarà la marca, però ja podem afirmar ara que, per la seva arquitectura avantguardista, el conjunt de la concentrada ciutat és una marca, per damunt de tot, arquitectònica. A més, cal afegir que la majoria de valencians aproven favorablement la construcció del conjunt, per estar situat en una zona abans descuidada de la ciutat. Ja se l'ha anomenat la ciutat dins la ciutat.

- **La Torre d'Eiffel de París.** És una torre concebuda amb valor commemoratiu, patriòtic i simbòlic. La més antiga de les marques analitzades, es pot considerar que és una de les primeres marques arquitectòniques que han estat projectades com a tal, per ser marques de la seva ciutat i per ser divulgades pels mitjans de comunicació. És la imatge i el perfil més conegut de França arreu del món. És una marca arquitectònica per damunt de la seva funció commemorativa i patriòtica. És la marca d'una ciutat que ha sobrepassat els seus límits i s'ha convertit en marca d'un país i la imatge més valorada.

- **El World Trade Center de Nova York.** Com el cas anterior, és una marca arquitectònica concebuda com a tal, amb una funció determinada, simbolitzar el poder econòmic de Nova York i els Estats Units. Han estat una marca arquitectònica de la ciutat fins l'11 de setembre del 2001, juntament amb altres marques de Nova York. Amb l'atemptat a les torres bessones i la seva destrucció, el World Trade Center és més marca que mai. Ja no hi és físicament, però és una marca divulgada pels mitjans de comunicació. Ara, és una marca simbòlica i patriòtica, i a la vegada, continua essent una marca arquitectònica. És l'absència com a marca arquitectònica.

- **La Torre Agbar de Barcelona.** Moltes empreses d'avui en dia, quan fan construir un edifici que representi l'empresa, fan projectar edificis que siguin símbol de modernitat, majoritàriament gratacels. I ho fan pensant en una marca que representi l'empresa. Aquests gratacels és un exemple de construcció avant-guardista, no solament per la seva peculiar forma sinó també per les solucions constructives, la tecnologia aplicada i el combinat de materials i colors. És un edifici que ha aconseguit que es parli d'ell des del seu inicial projecte, la qual cosa el fa un producte idoni pels mitjans de comunicació. És la forma com a marca arquitectònica d'empresa.

- **El Pavelló Mies van der Rohe de Barcelona.** És una obra emblemàtica del Moviment Modern, construïda per representar a Alemanya en l'Exposició Universal de Barcelona de l'any 1929. L'arquitecte aconsegueix projectar una obra clau representativa de la modernitat, amb l'absència d'ornaments, amb formes planes i geomètriques i amb una varietat de materials constructius molt rica. Després del seu enderrocament, l'edifici estava en la memòria d'experts i arquitectes que gaudiren amb la seva qualitat arquitectònica, els mateixos que lluitaren per la seva reconstrucció. És la marca reconstruïda, la marca recuperada. És la marca arquitectònica d'un públic concret, expert, vinculat i amant de l'arquitectura. Per tant, aquesta marca trenca amb el tòpic que les marques arquitectòniques van destinades a públics massius.

7.2. Nova definició i condicions de marca arquitectònica

Amb totes les anàlisis efectuades i les conclusions prèvies podem concretar i matisar aquesta primera definició emesa i establir una nova definició de marca arquitectònica.

Una marca arquitectònica és aquell edifici, complex, monument o construcció de caràcter emblemàtic, que destaca en el seu entorn per la seva qualitat arquitectònica, essent una arquitectura única, irrepetible i admirada. És aquella arquitectura que ha aconseguit expressar un significat i un contingut, comunicar-los a un públic, concret o massiu, que ha acabat per identificar-se amb ella. Una marca arquitectònica és aquella arquitectura que és el reclam turístic d'una ciutat, d'un país o d'una empresa. Per tant, és necessari el procés d'identitat dels receptors amb l'arquitectura perquè esdevingui marca, i en això és determinant la influència dels mitjans de comunicació.

Podem afirmar que una marca arquitectònica és defineix com una arquitectura de gran qualitat arquitectònica, única, irrepetible, principal reclam turístic d'una zona i que ha aconseguit que un determinat públic s'identifiqui amb ella.

7.2.1. Condicions des d'un punt de vista arquitectònic

1 **Una marca arquitectònica és única i irrepetible.** Una marca arquitectònica ha de ser irrepetible, no pot haver dues arquitectures iguals, encara que estiguin molt lluny una de l'altra. Una còpia d'una arquitectura no serà mai considerada marca arquitectònica. El que si ha succeït és que després d'un enderrocament o una destrucció, s'ha tornat a construir la marca per mantenir la seva simbologia.

2 **Una marca arquitectònica és una arquitectura de qualitat.** És una arquitectura valorada per la seva qualitat arquitectònica, sovint per diferents aspectes com els elements arquitectònics, les solucions constructives, els materials utilitzats, la seva forma, per la seva innovació tècnica, etc.

3 **Una marca arquitectònica és des d'un punt de vista formal, estètica i bella.** L'impacte visual de la marca és determinant per la seva consideració com a marca, tot i ser un aspecte que pot tenir sempre els seus detractors. Si les seves formes, colors i materials són estèticament agradables, serà considerada de gran bellesa o qualitat.

4 **Una marca arquitectura té un bon emplaçament o situació urbana.** Les marques gaudeixen d'emplaçaments o situacions privilegiades, en els centres urbans, en places cèntriques, en cruïlles importants, en espais més elevats de la resta de la ciutat, etc. Si estan fora dels nuclis urbans, l'accés a elles és fàcil i ben senyalitzat per accedir-hi. Quan s'està pensant en construir una marca arquitectònica, el seu emplaçament és el primer escull que caracteritzarà a la futura arquitectura.

5 **Una marca arquitectònica està integrada en el seu entorn o context.** Les arquitectures emblemàtiques destaquen sobre el seu entorn per la seva qualitat arquitectònica però han d'estar integrades en el context que les envolta. Sovint l'entorn es va adaptant per donar més importància a la marca, amb les senyalitzacions i serveis que sorgeixen al voltant o si més no, canvien aprofitant l'impacte de l'arquitectura.

7.2.2. Condicions des d'un punt de vista social i cultural

1 **Una marca arquitectònica és un punt de referència social.** Al ser conegudes i populars, les marques arquitectòniques son punts de trobada, concorreguts i punts de referència social. És per això, que moltes vegades són l'escenari d'esdeveniments, reivindicacions i altres actes socials, tant voluntaris com involuntaris a la pròpia marca.

2 **Una marca arquitectònica és motiu d'estudi arquitectònic.** Per les seves característiques i per la seva qualitat arquitectònica, una marca és motiu d'estudi i anàlisi exhaustiu per part d'estudiants, curiosos, experts, crítics, etc. Les marques arquitectòniques son aptes per l'aprenentatge de procediments constructius, tècnics i materials, així com de les formes i el caràcter perceptual. Les marques arquitectòniques compleixen una clara funció social educativa i pedagògica.

3 **La bibliografia i les publicacions sobre la marca arquitectònica son àmplies.** Això és una conseqüència de la funció educativa de les marques arquitectòniques i de les anàlisis constants de la mateixa, ja que al presentar alguna innovació arquitectònica es publiquen tot tipus d'escrits, articles, reportatges i llibres sobre la marca arquitectònica. Les guies d'arquitectura dediquen bona part dels seus estudis a marques arquitectòniques, de l'època que siguin.

7.2.3. Condicions des d'un punt de vista comunicatiu

1 **Una marca arquitectònica és un missatge freqüent en els mitjans de comunicació.** Qualsevol notícia o motiu que envolti la marca arquitectònica és un missatge difós pels mitjans de comunicació, des d'una inauguració, una rehabilitació, un esdeveniment, etc. a més dels habituals missatges per part dels

experts que estudien i critiquen les marques arquitectòniques amb assiduïtat. En els missatges transmesos en els mitjans de comunicació es poden trobar certes influències polítiques i mediàtiques.

2 **Una marca arquitectònica és un missatge publicitari, directa o indirectament.** Amb estratègies de màrqueting i campanyes publicitàries es difon la marca per aconseguir un major nombre de visitants o altres estratègies que comportin unes vendes posteriors d'objectes o productes relacionats amb la marca. La publicitat pot ser directa o indirecta, per esdevenir al cap i a la fi, una font d'ingressos. Cal recordar que la publicitat té una finalitat comercial i econòmica.

3 **Les marques arquitectòniques són esquematitzables.** És a dir, fàcils de dibuixar, sintetitzables i representables en pocs traços i qualsevol persona reconeixeria de què estem parlant. És el que s'anomena les marques de les marques, fàcils de reconèixer per la seva simplicitat i popularitat. Es podria dibuixar esquemàticament la silueta de moltes marques, com les analitzades en el capítol 6. La Torre Eiffel es dibuixaria amb forma piramidal allargada. El World Trade Center de Nova York amb dos rectangles paral·lels alts i el Museu Guggenheim amb formes corbes.

4 **Les marques arquitectòniques susciten emocions i sensacions.** Les marques arquitectòniques no deixen indiferent a la persona que el visita, que hi treballa, que es passeja pel voltant,... Per tant, una marca arquitectònica, va més enllà de les qüestions purament formals i constructives per esdevenir un fenomen psicològic, sensitiu i humà.

En definitiva, les marques arquitectòniques van més enllà de la pròpia arquitectura. Sobrepassa els seus límits naturals per esdevenir quelcom més, adquirint connotacions simbòliques amb l'expressió de continguts d'identitat. Cada marca pretén ser una nova filosofia d'arquitectura, una nova percepció humana.

Les marques arquitectòniques són els símbols de l'arquitectura del segle XXI, una aposta de futur per gaudir de l'arquitectura i de les seves aportacions més innovadores i avantguardistes en una societat que reclama constantment nous productes i noves fórmules.

BIBLIOGRAFIA

Aguilar, P. (2002). A Sandri, P.M. *Multinacionales en Barcelona. Los nuevos edificios de Agbar y Gas Natural transmiten su apuesta por el crecimiento.* Barcelona: La Vanguardia.

Alonso, L. (2002). A Sandri, P.M. *Multinacionales en Barcelona. Los nuevos edificios de Agbar y Gas Natural transmiten su apuesta por el crecimiento.* Barcelona: La Vanguardia.

Argan, G.C. (1998). *El arte moderno. Del iluminismo a los movimientos contemporáneos* (pàg. 80). Madrid: Akal Ediciones.

Calatrava, S. (2001). Entrevista a www.worldonline.es

Cases i Associats (1994). *Las Maravillas del mundo* (pàg. 292). Barcelona: La Vanguardia.

Cisneros, G. (2002). A Sandri, P.M. *Multinacionales en Barcelona. Los nuevos edificios de Agbar y Gas Natural transmiten su apuesta por el crecimiento.* Barcelona: La Vanguardia.

Dachevsky, M. (2001). *Urban Zapping. Ciudades, productos y marcas* (pàgs. 25, 44-86, 107). Col·lecció Arquitext. Barcelona: Edicions UPC.

Estapé, M. (2001). *Usos y abusos de la globalización.* Dins: *Informe del Fondo Monetario Internacional - abril 1997.* Barcelona: La Vanguardia (1 juliol).

Falcón-Meraz, J.M. (2005). *Proyecto de tesis:La expresión de una línea museística singular*. Barcelona: Universitat Politècnica de Catalunya.

Fernández-Galiano, L. (1998). *El arte del museo* (tomo V, pàg. 71). AV Monografias.

Fontova, R., & de la Torre, I. (2005). *Els secrets de la Torre*. Barcelona: El Periódico (15 de maig).

Frutiger, A. (1999). *Signos. Símbolos. Marcas. Señales.* (6ª edición) (pàgs. 176-270). Colección Diseño. Barcelona: Editorial Gustavo Gili S.A.

Fusco, R. de (1970). *Arquitectura como "Mass-medium". Notas para una semiologia arquitectònica.* Le Corbusier: *La Carta de Atenas* (pàgs. 68-69, 74, 172). Barcelona. Editorial Anagrama.

García-Cañizares, A.C. (2005). *Edificios Singulares. Nuevas creaciones de grandes arquitectos* (pàg 142). Barcelona: Editorial Loft.

Kerik, B.B., & Von Essen, T. (2002). *In the line of duty. A tribute to New York's Finest and Bravest.* New York: Regan Books.

Koolhaas, R. (1990). *Projectes urbans (1985-1990)* (pàg. 61). Col·lecció Quaderns d'Arquitectura. Barcelona: Editorial Gustavo Gili S.A.

Koolhaas, R., & Prince-Ramus, J. (2005). *Content. Seattle Public* (pàgs. 143, 544). Köln: AMOMA i Taschen Editors.

Krens, T. (1999). Entrevista. *Connaissance dels Arts,* 134.

Lorente, J.P. (2000). Museums and artists' studios as catalysts for urban regeneration. The special case of declining port cities: Liverpool, Marseille, Bilbao. *Focus,* 12 juny.

Millet, E. (2005). *Museos que son arte* (pàg. 54, 56). Barcelona: La Vanguardia (juny).

Munari, B. (1985). *Diseño y comunicación visual. Contribución a una metodología didáctica.* Barcelona. Editorial Gustavo Gili S.A.

Pericot, J. (2002). El disseny i les seves futures responsabilitats. *Temes de Disseny*, nº 19, pàgs. 15-16. Barcelona: Elisava Edicions.

Picó, J. (1999). *Cultura y Modernidad. Seducciones y desengaños de la cultura moderna.* Colección: Ciencias Sociales. Ensayo. Madrid: Alianza Editorial.

Pujol, A. (2004). *Marques arquitectòniques: l'edifici com valor afegit* .Barcelona Metròpolis Mediterrània, 64 tardor, pàg 8.

Rugiero, A., & Letelier, S. (1998). Lugar generado - Identidad - Generación de lugar. *Arquitectura, semiòtica i ciències socials. Quaderns d'Arquitectura,* 19. UPC. Escola Superior d'Arquitectura de Barcelona.

Solà-Morales, I. de, Cirici, C., & Ramos, F. (1993). *Pabellón de Barcelona. Mies van der Rohe.* Barcelona: Editorial Gustavo Gili S.A.

Vázquez, F. (2005). *Els secrets de la Torre.* Barcelona: El Periódico (15 de maig).

Venturi, R., & Scott-Brown, D. (1979). *Aprendiendo de todas las cosas* (pàgs. 9-34). Traducció de Xavier Sust i Beatriz de Moura. Barcelona: Tusquets Editor.

Venturi, R., Scott-Brown, D., & Izenour, S. (1998). *Aprendiendo de las Vegas. El simbolismo olvidado de la forma arquitectónica* (pàgs. 70-102). Barcelona: Gustavo Gili Reprints.

VVAA (1973). *Els Moviments Pop* (pàg. 83). Salvat Editores.

VVAA (1977). *Diccionario enciclopédico abreviado* (tomo VII, pàg. 203). Madrid: Espasa-Calpe.

Yamasaki, M. (1993). A Heyer, P. *Architects in Architecture: New Directions in America* (pàg. 186).

PÀGINES WEB CONSULTADES

Imatges World Trade Center NY
www.allposters.com/WorldTradeCenter

Varis edificis
www.arquitectura.com

Ciudad de las Ciencias y de las Artes de Valencia
www.cac.es

World Trade Center de Nova York. 11S.
www.cnn.com/2001/US/09/11

Gratacels d'arreu del món
www.emporis.com

Museu d'art Modern de Nova York. MOMA
www.gimponthengo.com/moma

Gratacels i edificis d'arreu del món
www.greatbuildings.com

Centre Rosenthal d'art contemporani. Cincinnati.
www.guardian.co.uk

Museu Guggenheim de Bilbao
www.guggenheim-bilbao.es

Museu Kunsthaus de Graz
www.kunsthausgraz.at

Museu Guggenheim de Nova York.
www.ny.com/museums/guggenheim

Objectes i imatges del WTC
www.nycwebstore.com

París i Torre Eiffel
www.paris.org/monuments/eiffel

Museo Guggenheim de Bilbao
www.pictures.carishina.net

Torre Agbar
www.pixlzon.net/torre_agbar

Las Vegas
www.rfc1149.net

Esdeveniments 11 de Setembre
www.september11news.com/dailytimeline

Objectes amb la imatge de la Torre Eiffel
www.broadsheet.ie
www.souvenirsofparis.com

Tour Eiffel
www.tour-eiffel.fr

Las Vegas
www.wherry.com

Anna Pujol i Ferran

Doctora Arquitecta per l'Escola Tècnica Superior d'Arquitectura de Barcelona-ETSAB de la Universitat Politècnica de Catalunya-UPC. Enginyera Tècnica industrial per l'Escola Universitària d'Enginyeria Industrial de Barcelona- EUE-TIB de la UPC. Llicenciada en Belles Arts, en l'especialitat de Disseny, en la Facultat de Belles Arts de la Universitat de Barcelona-UB.

Amb 27 anys d'experiència docent, 20 dels quals a nivell universitari, impartint assignatures de Representació, Disseny i Metodologia en diferents escoles de disseny i universitats.

Actualment és professora associada a la UPC, a l'Escola Superior d'Enginyeries Industrial, Aeroespacial i Audiovisual de Terrassa- ESEIAAT on imparteix les assignatures d'Expressió Gràfica i Metodologia de Projectes als estudis de Grau. Tanmateix participa en el Màster Barcelona Design-MBDesign.

Ha publicat diferents articles de divulgació del disseny, dels estudis d'enginyeria i de les dones enginyeres.

Col·labora habitualment en les Aules d'Extensió Universitària per a la Gent gran de la UB i en l'Escola de Noves Tecnologies Interactives-ENTI, centre adscrit a la Universitat de Barcelona (UB).

Sempre ha compaginat la docència amb la carrera professional en disseny i enginyeria, col·laborant amb constructores i en diferents projectes de disseny d'interiors, tèxtils i gràfics.

En els darrers anys, ha desenvolupat tasques com a consultora de formació, creant i impulsant noves formacions de postgrau, amb una forta relació Universitat-Empresa.

És la creadora i Directora del Postgrau en Disseny i didàctica del lleure infantil de la UB i creadora i coordinadora del Postgrau en Moda infantil al Instituto Europeo di Design-IED de Barcelona.

Per la seva defensa en la Igualtat de gènere i amb la voluntat de donar visibilitat a les dones científiques i tècniques, col·labora amb diferents entitats.

És presidenta de la Comissió Funcionem Junts del Col·legi d'Enginyers de Barcelona, que organitza cada any el Dia de la Dona enginyera.

És consellera del Consell de Conselleres de l'Observatori Dona, Empresa i Economia-ODEE de la Cambra de Comerç de Barcelona.

Ha estat mentora del programa de mentoring M2m de la UPC.

En el 2015 va participar en el Focus Grup de treball de Ciència i Tecnologia al Parlament de Catalunya, organitzat per la presidenta Núria de Gispert.

En el 2014 va participar en l'Acte del Dia Internacional de les Dones al Parlament de Catalunya.

http://futur.upc.edu/AnnaPujolFerran
Codi Orcid: http://orcid.org/0000-0003-2321-7619

Oscar Farrerons Vidal

Arquitecte per l'Escola Tècnica Superior d'Arquitectura de Barcelona (ETSAB). Doctor en Enginyeria Multimèdia per la Universitat Politècnica de Catalunya (UPC). Posseeix el certificat de Formació Continua en Ensenyança Universitària de la Fundació Politècnica de Catalunya, i el títol de postgrau *"Ensenyament Universitari en Ciències, Tecnologia, Enginyeria i Matemàtiques"* (STEM).

Des de 1995 és professor del Consorci Escola Industrial de Barcelona, i des de 2000 de l'Escola Universitària d'Enginyeria Tècnica Industrial de Barcelona (EUETIB). Actualment la seva activitat docent la porta a terme a l'Escola d'Enginyeria de Barcelona Est (EEBE). Ha exercit l'ensenyança universitària al departament de Projectes i des de l'any 2000 al departament de d'Expressió Gràfica en l'Enginyeria (EGE) de la UPC. Ha desenvolupat diferents assignatures d'enginyeria gràfica durant més de vint anys a la UPC, i ha estat coordinador de l'assignatura troncal "Expressió Gràfica". Tutor-director d'una trentena de Treballs Finals de Grau (TFG) en temes relacionats en el desenvolupament de projectes, ha participat en més de cinquanta tribunals de TFG. Exerceix como tutor i com membre en tribunals del Projecte Final del Máster de Formació de Professorat de Secundària. Als últims anys ha format part de Comissions d'Avaluació per a la provisió de places de professor associat al departament EGE de l'UPC, en els àmbits de l'enginyeria gràfica i projectes. És membre del Grup d'Avaluació de la Pràctica Acadèmica (GRAPA) i de la comissió de Planificació Acadèmica i de Qualitat (CPAiQ) de l'Escola d'Enginyeria de Barcelona Est. Actualment és sotsdirector del departament EGE de la UPC.

Durant anys ha intervenint en diferents rols a les proves d'accés a la universitat (PAU). Ha presentat ponències a congressos relacionats amb la innovació educativa a les enginyeries industrials (CUIEET, CIDUI, INGEGRAF), i participat como membre del comitè organitzador y del comitè científic de congressos del seu àmbit de recerca (enginyeria i projectes). Ha publicat articles a les revistes "International Journal of Engineering Education" (IJEE), "Revista Internacional de Tecnología Conocimiento y Sociedad", "AutoCAD Magazine", "Procedia Social and Behavioral Sciences" i "Journal of Technology and Science Education (JOTSE)". És coautor del llibre "Las TIC y la Ingeniería Gráfica" (2016) i "Modelos constructivistas de aprendizaje en programas de formación" (2017).

Forma part del "Grupo de Investigación de Ingeniería y Proyectos" (GIIP) y del "Grupo de Innovación en Sistemas para el Diseño y la Formación en la

Ingeniería" (INSIDE). Té més de trenta anys d'experiència professional en enginyeria civil i projectes d'arquitectura i urbanisme, com col·laborador en diferents despatxos professionals de Barcelona. Ha portat a terme auditories tècniques de projectes. Els seus àmbits de col·laboració professional estan circumscrits a enginyeria civil, urbanització, urbanisme, sostenibilitat a l'enginyeria, accessibilitat, i recerca d'aigües naturals. Membre de la Mesa Territorial de Adaptació al Canvi Climàtic del Montseny (MeTACC) en el projecte LIFE-CLINOMICS.

http://futur.upc.edu/OscarFarreronsVidal
Codi Orcid: http://orcid.org/0000-0002-2292-6184

www.ingramcontent.com/pod-product-compliance
Lightning Source LLC
Chambersburg PA
CBHW081332090426
42737CB00017B/3101